中公新書 2815

満薗 勇著

消費者と日本経済の歴史

高度成長から社会運動、推し活ブームまで

中央公論新社刊

まえがき

戦後日本の時代の大きな変化は、そのときどきの消費者の姿とともに記憶されてきた。敗戦後の混乱期には、闇市（ヤミ市）に押し寄せ、明日の命をつなごうとする消費者の姿があった。あるいは、高度経済成長期には、三種の神器（白黒テレビ、電気洗濯機、電気冷蔵庫）などの新しい耐久消費財が登場し、多くの消費者が豊かさを実感するようになった。高度経済成長の終わりを告げた石油ショックは、スーパーなどに殺到してトイレットペーパーの買い占めに走る消費者の姿とともに記憶されている。平成のバブル景気に際しては、海外旅行や高級ブランド品などへの旺盛な消費意欲が見られたが、バブル崩壊後の長引く経済停滞のなかでは、ファストフードやファストファッションといった安価で良質なモノを求める消費者の姿が、デフレ経済の象徴とされた。

本書は、こうした時代の表層に表れる消費者像の背後で、消費者が社会や経済を変えるという見通しや期待をめぐって、どのような認識と実践があったのかを具体的に見るものである。

その際の手がかりとして、消費者という言葉の使われ方に注目したい。というのも、この言葉は、今では誰もが当たり前のように使うが、一般の人びとが自分自身を消費者として意識し出したのは、実はそれほど古くはないからである。

序章で述べるが、そもそも消費者という用語は、明治初期に西洋の経済学を導入する際、consumption の訳語として作られた。以来、経済学の学問的な議論のなかで、消費や消費者という用語は使われてきた。

ただし、学問の議論を超えて消費者という言葉が使われ始めるのは一九二〇年代以降である。そこからさらに一般的な言葉として社会で広く使われるのは、第二次世界大戦後以降、特に一九六〇年代以降のことになる。

この言葉の広がりは、消費者が社会や経済を変えることへの見通しや期待と表裏一体で、消費者運動や消費者行政の取り組みはもちろんのこと、広く経済政策や企業活動にもさまざまなかたちで影響を及ぼしてきた。その歴史を踏まえれば、応援消費や推し活、エシカル消費など、近年の新しい消費動向の意味も、いっそう深く理解できるに違いない。

以上を念頭に置きつつ、本書は次のような構成で、消費者と日本経済の現代史を描く。

まず序章では、消費者という言葉の広がりや意味を確認する。

そのうえで、一九六〇年代から七〇年代初頭までの時期を第1章として、消費者主権の理念が立ち上がる時代を描く。大塚萬丈《ばんじょう》の修正資本主義論を起点とした経済同友会の活動や、その影響下にあった消費者団体の動向とともに、スーパーのダイエーと家電メーカーの松下電器が展開した、いわゆるダイエー・松下戦争の歴史的意味を明らかにする。

次いで第2章は、石油ショック後の一九七〇年代半ばから八〇年代半ばまでを対象に、生活者という言葉が広がる時代を見る。具体例としては、生活クラブ生協の活動や、有機農業運動の展開に加えて、セゾングループを育て上げた堤清二の事業展開を取り上げる。

第3章では、一九八〇年代後半から二〇〇〇年代を対象として、企業と消費者との関係がお客様という捉え方で編み直されていくことに注目する。具体例として、セブン-イレブンなどによるイノベーションの達成を、顧客満足の追求という文脈に位置づけるとともに、企業の消費者対応部門がお客様相談室として整備されていくプロセスを追う。

最後に、終章では、全体の流れをまとめたうえで、二〇一〇年代以降の新たな消費動向を歴史の視点から読み解くことを試みる。

コロナ禍を経験した私たちは、日々の何気ない暮らしが、大きな時代の流れとともにあることを知っている。消費者が社会や経済を変えることの切実さも、今の私たちならばよく理解できるはずである。本書を通して、消費者と時代に向き合い、あるいは時代を変えようとした過去の人びとの営みに目を凝らすことにしよう。

目次

第2章　オルタナティブの模索と生活者
——一九七〇年代半ば〜八〇年代半ば

ＤＴＰ 朝日メディアインターナショナル

序章　利益、権利、責任、そしてジェンダー

画期としての一九六〇年代

消費という用語は、明治初期に西洋の経済学を受容する際、consumption の訳語として作られた。それ以降、経済学や経済政策に関わる言説では、消費や消費者などの言葉が用語として定着した。消費者という言葉は一九二〇年代になると、消費組合運動、すなわち現在の生協（生活協同組合）に連なる活動でも使われ出すが（林二〇二三）、広く社会で使われる言葉とは言い難かった。

消費者という言葉が日々の暮らしを送る人びとにとって身近になり、〝消費者としての私〟といった意識が広がっていくのは、第二次世界大戦後以降、とりわけ一九六〇年代以降である。

試みに、図P－1として、朝日新聞のデータベース（「朝日新聞クロスサーチ」）から消費者

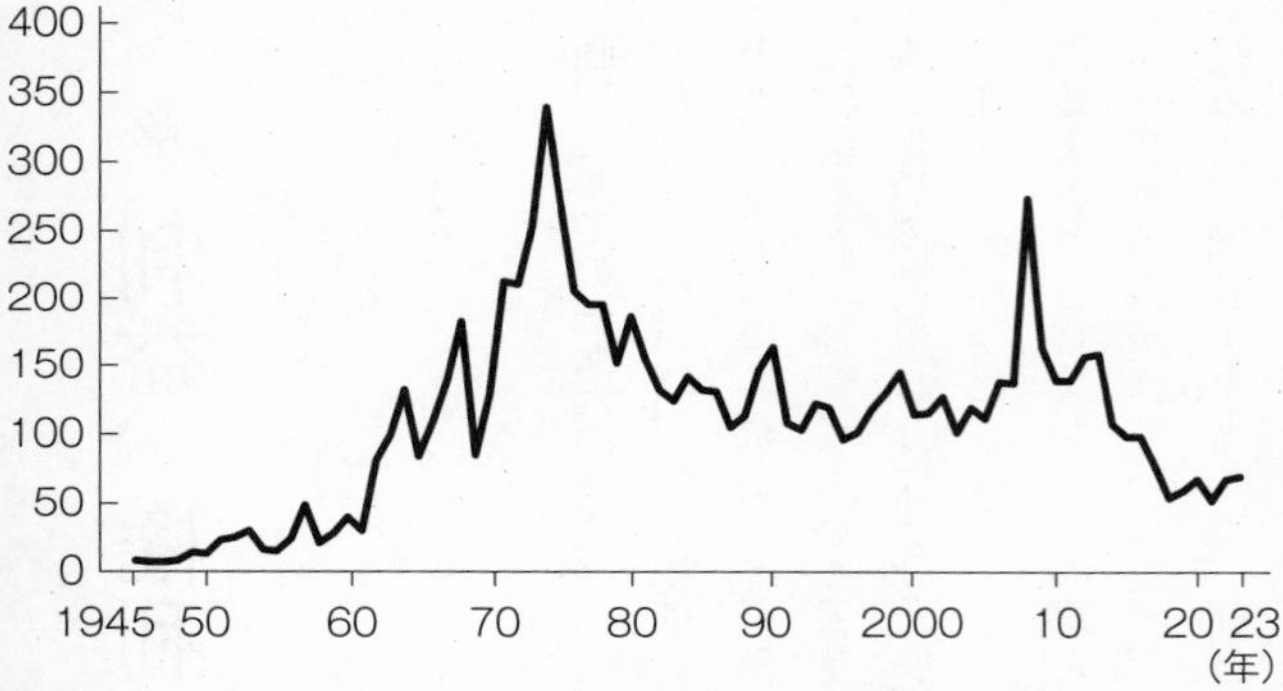

図P-1 朝日新聞データベース「消費者」見出し記事数
(1945-2023年)

の語を見出しに含む記事の数を整理すると(発行社は東京と大阪、朝刊・夕刊を対象とし、広告および同義語は含まない)、一九四五年から四九年までの年平均件数は八・八件、一九五〇年から五九年までの平均は二四・四件で、一九五〇年代までは低い水準にとどまっていたことがわかる。

そこから一九六〇年代に入ると急激な増加傾向を見せ、一九七四年に三三九件を数えてピークを記録している。その後、一九七五年から八〇年代半ばにかけては減少傾向に転じ、以後、二〇〇〇年代半ばにかけて一〇〇件から一五〇件程度の水準で推移した。

なお、二〇〇八年に二七三件と突出した増加を記録しているが、これは消費者庁(二〇〇九年設置)の構想をめぐる政治的な動向を報じた記事によるところが大きく、突発的な数字といえよう。

実際に、二〇一〇年代にはそれ以前に比べてもさらなる減少を示し、二〇二〇年代には六〇件前後という低い水準にとどまっている。

以上に見た新聞記事数の推移から、消費者という言葉は、一九六〇年代以降に社会的な広がりを見せて定着したことがわかるとともに、一九七〇年代前半をピークとして、その後は必ずしも社会的な関心を集める言葉ではなくなったとも言えそうである。現在、「『あなたは消費者ですか?』この問いに自信をもって答えられる人は、おそらくそう多くない」（林二〇二三）と言われるのも、グラフの推移を踏まえれば首肯できる面があろう。

本書の課題は、消費者への関心の推移を踏まえて、消費者と経済社会との関わりを歴史的にたどることにある。具体的には、オーソドックスな歴史分析の方法により、消費者をめぐる言葉の使われ方に着目しながら、企業、財界、政府、運動団体といったアクターが、消費者をどのように捉えていたのかを追究していく。

結論を先取りすれば、消費者という言葉にはいくつかの強いニュアンスがあり、そのニュアンスから離れるために、生活者やお客様という言葉が代わりに使われるようにもなった。先に述べた「一九七〇年代前半をピークとして、その後は必ずしも社会的な関心を集める言葉ではなくなった」という見通しの背後には、こうした動きが深く関わっていたとするのが本書の見立てである。

そこで本論では、消費者、生活者、お客様という言葉がそれぞれ広まった時期に注目し、おおよそ次の三つの時期区分で歴史を整理していく。

①消費者という言葉が社会的に定着していく一九六〇年代から七〇年代初頭まで。高度経済成長期に重なる時代。

②消費者に代わって生活者という言葉が使われるようになった一九七〇年代半ばから一九八〇年代半ばまで。石油ショック後の安定成長期に重なる時代。

③市場開放と規制緩和のなかで消費者利益に注目が集まる一方で、企業レベルではお客様という捉え方が広がっていく一九八〇年代後半から二〇〇〇年代まで。平成バブルからその後の長期経済停滞の時期に重なる時代。

全体の構成はこの時期区分に対応し、①を第1章、②を第2章、③を第3章とする。そのうえで、終章では、二〇一〇年代から現在に至る新しい消費動向の歴史的意味を考えたい。

本書の観点

本論に先立って、やや抽象的になるが、消費者の歴史を読み解くうえでの着眼点を示しておこう。

消費者の辞書的な意味は、「生産されたものを使ったり、食べたり、また、サービスを受けたりする側の者」とされる（『日本国語大辞典』小学館）。ここからは、①消費者の存在は広い意味での生産者との対比によって成り立つこと、②人はみな誰もが消費者としての側面を持つこと、という二つの意味を読み取れる。

加えて、広い意味での生産者を事業者と総称しておけば、消費者の立場を強調する議論は、事業者との関係を念頭に置きながら、以下の観点で読み解くと明瞭に理解できる。①消費者の利益、②消費者の権利、③消費者の責任、という三つの観点である。

まず、①消費者の利益は、事業者の利益と対立する面を持つがゆえに問題となる。たとえば、消費者にとっては価格が安いほうが望ましいが、それは事業者の利益に反するかもしれない、といった状況を念頭に置けば理解しやすいだろう。ただし、人はみな誰もが消費者としての側面を持つから、事業者の利益を抑制することが、めぐりめぐって消費者の利益を損なうような事態も起こりえる。

次に、②消費者の権利は、事業者との関係で、消費者が構造的な弱者であるという現実への認識を出発点とする。その権利に関する思想は、一九六二年の米国のケネディ大統領の特別教書で具体化され、安全への権利、情報を与えられる権利、選択をする権利、意見を聴かれる権利という四つの権利が説かれた。ただし、消費者の権利は新しい思想ゆえに、その定着や理解の広がりに多くの困難を抱えてきた（正田二〇一〇）。したがって、権利をめぐる議論は、往々にして後景に退きがちである点を踏まえておくことも重要である。

最後に、③消費者の責任は、究極的には消費者が経済活動全体を左右する力を持つとの理念に根ざす。市場経済では、消費者の自由で合理的な選択が生産と資源の最適な配分を決定することになり、よりよい経済社会の実現のためには消費者の自覚と責任が必要であるとされる。一般に、こうした考え方を消費者主権と呼ぶこともある。あるいは、環境問題に関連して、環境破壊の究極的な加害責任を消費者に求める議論もある。いずれにせよ、責任を強調する文脈では、消費者が大きな力をもつことが前提とされるが、それは②の権利をめぐる議論とは問題の位相を異にする点に注意しなければならない。

以上の通り、消費者の立場を強調する議論は、利益、権利、責任という三つの観点から読み解くと理解しやすい。生活者やお客様という言葉が選び取られていく動きも、そのことを踏まえて見ていく必要がある。

ただし、ここに急いで付け加えるべきものとして、もう一つのきわめて重要な歴史的観点がある。それは、消費者＝主婦と捉えるジェンダーの観点である。

たとえば、『朝日新聞』一九六五年三月三日付の「かしこい消費者」と題する社説には、

「消費者の主導権は女性が握っている、女をねらえ」という言葉や、「お買物上手は、家庭の幸福」、「かしこい消費は、現代の美徳」といった言葉が、繰り返し「主婦」に向けられる状況を紹介したうえで、「気の弱い主婦などノイローゼにもなりかねない」ほどだと書かれている。

現在からすれば、性別や年齢を問わず人はみな誰もが消費者のはずで、消費者＝主婦と捉える認識には明らかな違和感がある。しかし、性別役割分業規範が深く根を下ろした戦後日本社会にあって、女性は家事、育児、介護など広い意味でのケアの担い手とする認識が広がっていた。ある時期までは、消費活動の領域も家庭内のケアを担う主婦の役割に含まれるとして、消費者＝主婦とする見方が当然のように成り立っていたのである。

したがって、利益、権利、責任の観点に加えて、ジェンダーの視点を踏まえながら史料を具体的に読み解くことが、次章からの課題となる。

第1章　消費者主権の実現に向けて
――一九六〇年代〜七〇年代初頭

高度経済成長期は、人びとの暮らしが大きく変わっていく時代でもあった。

家電製品や自家用乗用車の普及は、その象徴としてイメージされよう。一九五〇年代後半から、三種の神器として白黒テレビ、電気洗濯機、電気冷蔵庫が急速な普及をみせた後、六〇年代になると、3Cとしてカラーテレビ、クーラー、自家用乗用車の普及に関心が移った。

あるいは、食生活にも大きな変化が見られ、たとえば日清食品のチキンラーメンが発売されたのは一九五八年、森永製菓が国産初のインスタントコーヒーを発売したのは六〇年で、インスタント食品が暮らしに欠かせないものとなっていった。

また、ダイエーの一号店が、主婦の店・ダイエー薬局という店名でオープンしたのは、一九五七年であった。以後、スーパーが身近になったことも、人びとの暮らしを買い物の面から大きく変えた。

興味深いことに、ダイエー創業者の中内㓛《いさお》は晩年の回想で、創業時の店名に冠した主婦という言葉は、「いまの言葉で言えば「消費者」」のことだが、「「消費者」という言葉は一般的でなかった」ために用いたのだと語っている（中内・御厨二〇〇九）。この中内の語りは、序章で見た消費者という言葉の歴史と平仄《ひょうそく》が合う。

以下、本章では、まず高度経済成長のメカニズムを概観したうえで、消費革命とまで呼ばれた生活の大きな変化の歴史的意味を確認する。

そして、そうした変化が消費者という言葉の社会的な定着に結びついていく一つの契機として、経済同友会を中心とした生産性向上運動の取り組みに注目する。経済同友会は消費者主権という理念にいち早く注目し、生産性向上運動を通じて日本消費者協会という消費者団体を誕生させた点で、本書の関心から見て特筆すべき対象だからである。

最後に、企業人として消費者主権の実現に最も熱意を見せた一人であろう中内㓛を取り上げ、いわゆるダイエー・松下戦争の歴史的位置づけについて、消費者の視点から議論を深めたい。

本章を通じて、消費者という言葉が、高度経済成長期という固有の歴史的文脈のなかで社会的に定着したものであったことが明らかになるだろう。

1　高度経済成長と消費革命

経済成長のメカニズム

一九五五年から七三年までを高度経済成長期と呼ぶのは、年平均一〇％前後という高い経済成長率を記録した時期だったことに由来する。

この間、景気循環の面では、神武景気（一九五四年一二月～五七年六月）、岩戸景気（一九五八年七月～六一年一二月）、オリンピック景気（一九六二年一一月～六四年一〇月）、いざなぎ景気（一九六五年一一月～七〇年七月）という比較的長期の好況の間に、短期の不況を経験した。

景気の落ち込みは、国際収支の天井という外貨保有量の制約による金融引き締めに起因し、一九六〇年代半ばまでの貿易収支が赤字基調で推移していた影響が大きかった。戦後復興を遂げたとはいえ、日本の産業の国際競争力が十分ではなかったからである。そのことは同時に、高度経済成長が内需中心の成長であったことを物語っている（橋本ほか二〇一九、石井二〇〇三）。

産業構造の面では、製造業の位置づけに特徴があった。

人口増加を背景に、就業者の総数が一九五〇年の三六〇三万人から一九七〇年に五二五九万人へと増加するなかで、農業を中心とした第一次産業の就業者が構成比・絶対数ともに大幅な低下を見せた反面、第二次産業、特に製造業の分野で就業者数の大幅な増加を記録したことが注目される。

具体的に見ると、農業の就業者は一九五〇年に一六三六万人で、総数の四五・四％と半分近くを占めていたが、七〇年には九四〇万人で一七・九％という割合にまで減少したのに対し、製造業の就業者は一九五〇年に五七〇万人で、総数の一五・八％という割合であったところから、七〇年には一三七二万人に増加し、総数の二六・一％を占めるまでに増加した（三和・原編二〇一〇）。

製造業のなかでは、食料品や繊維などの軽工業が比重を低下させ、重化学工業化の進展が見られた点に特徴があった。特に機械器具の伸びは顕著で、その産業別生産額構成比は一九五五年の一四・八％から七〇年には三二・三％を占めるまでに増加している。機械器具の伸びは、家電製品や自動車という耐久消費財産業の急成長に支えられたもので、関連する素材や機械を製造する生産財部門の成長を促す面も強かった。こうした歴史的変化は、産業構造の機械工業化と呼ばれ、「投資が投資を呼ぶ」メカニズムを伴うことで、高度経済成長を産業の面から力強く牽引する意義を持っていた（武田編二〇一一）。

他方、消費市場の面からは、都市化を伴う人口増加と、完全雇用のもとでの賃金上昇が、耐久消費財をはじめとした国内需要の拡大に結びついた。

先に見た就業構造の変化は、新規学卒者による集団就職も含めて、農村から都市への活発な人口流入を伴ったため、「正に、雪崩、地すべりと形容するにふさわしい」といわれるほどの人口移動をもたらす（並木一九六〇）。農村から都市へと流入した人びとが核家族世帯を形成し、人口成長を上回る世帯数の増加につながったことは、世帯という生活単位で必要な消費財の需要増加を押し上げる効果をもった（吉川一九九七）。

賃金上昇については、企業レベルで労働生産性の上昇を実現し、その成果を労働者にも賃上げのかたちで配分するという関係のもとで成り立っていた。大企業では、長期雇用・年功賃金・企業別組合からなる日本的経営が成立し、雇用の安定と引き換えに、企業の生産性向上に労働者が協力する体制がとられた。

一九五五年は、生産性向上運動に取り組む日本生産性本部が発足した一方で、賃上げをめざして各労働組合が共同行動をとる春闘方式が成立し、高度経済成長期の労使関係の枠組みができる象徴的な年となった。こうして、生産性向上の成果が労働組合運動を介して賃金上昇に結びつく関係が生まれたことは、国内消費市場の拡大を支える重要な基盤となった。

ただし、生産性の上昇それ自体は、同じ産出物（アウトプット）を生み出すのに必要な労働力（インプット）の量を減じる意味をもつから、雇用の縮小をもたらしかねない。その点で、高度な経済成長の実現は、生産性上昇と完全雇用の同時達成という、本来的には両立困難な課題を乗り越えるための不可欠な条件と言えた。

実際に、一九五五年に策定された経済自立五ヶ年計画は、完全雇用の実現という目標を掲げ、合理化を進めて生産の単位当たりの雇用を減らしながら、過剰化する労働力を吸収できるくらいの生産拡大を見込むという成長志向の強い経済を構想した。経済成長は目標ではなく、生産性上昇と完全雇用を両立させる手段として位置づけられたのである（武田二〇一九）。その後、現実に計画を上回る高成長を実現したことで、一九六〇年代初頭に完全雇用が達成された。

以上のように、都市化を伴う人口増加と、完全雇用のもとでの賃金上昇は、家計における消費の拡大に結びつき、耐久消費財の急速な普及を支えた。同時に、高度経済成長期には家計部門の貯蓄率も高く、かつ一九七〇年代半ばまでその水準が伸び続けた（吉川一九九七）。家計部門の貯蓄は金融機関を経由して企業の設備投資資金となり、「投資が投資を呼ぶ」メカニズムを金融面から支える一助となっていった（橋本二〇一〇）。家計部門の経済成長に対する貢献は、消費だけでなく、貯蓄の面でも大きかった。

歴史研究の視点からは、こうした家計と経済成長の関係を、企業社会と近代家族とが結びつく戦後日本社会の編成原理に即して位置づけ直せる。

すなわち、大企業の長期雇用と年功賃金は、家族を養える賃金を求める家族賃金観念と結びつくものだったため、企業は従業員の家族やその生活にまで深い関心を寄せることとなった。ジェンダーの視点から見ると、大企業の正規雇用は男性正社員のみにメンバーシップの資格を与えたため、性別役割分業規範の強固な固定化につながった（濱口二〇一五）。従業員家族に対する受胎調節・産児制限の啓蒙や、家族のライフサイクルを丸抱えする職域福祉の充実なども、従業員家族の生活に関心を寄せる企業の主導によって取り組まれた（田間二〇〇六、荻野二〇〇八、木本一九九五）。

こうした企業による働きかけのもとで、正社員の夫と専業主婦の妻からなる家族を理想とするサラリーマン家庭のイメージは、企業社会と近代家族とが結びつく戦後日本社会の編成原理を支えるに至った。

近代家族とは、夫（男性）は稼ぎ手の役割を、妻（女性）は家事・育児・介護などのケアをそれぞれ担い、子どもとともに愛情で結ばれた家庭を築くことを理想とする家族像を指す。日本では、伝統的な農村の直系家族に代わって、一九二〇年代から都市部で少しずつ広がり始め、「家族の戦後体制」として高度経済成長期に定着を見たとされる（落合二〇一九）。

伝統的な農村の直系家族は、小農経営を担う生産の単位として、三世代同居のもとで世帯員の多就業を前提としたので、世帯主の妻は生産労働を当然のように担うとともに、家事労働の場でも姑のもとで裁量を発揮できる余地が乏しかった。それに比べれば、近代家族での主婦の立場は、女性にとって一面で抑圧からの解放と言える要素を持ち、実際に、自己の裁量のもとでケアを全うできることに相応の自負とやりがいを感じさせる面を持っていた（倉敷二〇一三）。

このように、企業社会と近代家族とが結びつく戦後日本社会の編成原理は、雇用のジェンダー化とケアのジェンダー化をコインの裏表のようにして成り立っていた。序章で見た消費者＝主婦という認識は、家庭生活の領域を主婦のケアに委ねる戦後日本社会の編成原理に深く根ざすものだったのである。

ただし、近年の研究では、労働市場から完全に退出するという意味での主婦化（＝専業主婦化）の進展には限度があり、実態面から見れば、自営業も含めた多様な女性就業の広がりこそがむしろ特徴だった点が強調されている（満薗二〇二一a）。本書でも、主婦という用語を専業主婦に限定せず、性別役割分業規範のもとでケアを担うべきとされた女性像を広く指す言葉として用いる。

消費革命という用語

さて、高度経済成長に伴う消費生活の大きな変化は、同時代に消費革命という言葉で表現された。

この言葉は、一九五九年に経済企画庁の報告書で用いられて広まったとされる。実際に、五九年七月の『経済白書』には「いわゆる消費革命の進行」との文言があり（『昭和三四年年次経済報告』）、一一月の『国民生活白書』でも「消費革命ともいわれるような、構造的変化がみとめられる」と記されている（『国民生活白書』一九五九年版）。

特に『国民生活白書』は、副題に「戦後国民生活の構造的変化」というテーマを掲げ、消費革命と言える変化が、消費の量的拡大だけでなく質的変化を伴っていることを強調した。具体的には、食生活では畜産品、副食、ジュース、ビール、洋酒、缶詰の増大、被服消費では合成繊維の登場や既製服の普及、文化面では耐久消費財の普及、旅行の広がり、週刊誌ブーム、教育面で習い事、塾・補習、学習道具などの家庭教育費の増大などが挙がっている。

興味深いことに、白書全体では、消費水準の上昇のあり方が分野によってまちまちであることや、生活環境施設の整備が立ち遅れていることが強調された。特に、急速な都市化に伴う住宅難、郊外住宅開発の展開と通勤圏の拡大による通勤地獄、上下水道の未整備やごみ処理施設の不足、図書館・公民館・博物館・スポーツ施設などの整備の立ち遅れなどは大きな課題だとして、「経済発展の成果の配分に取りのこされた低所得者層の生活保障の問題とともに、一般の経済発展に比し著しい立ちおくれを示している公共の生活環境施設の改善をいかにして推進していくか」が問題であると指摘している。

それに対して、この『国民生活白書』の内容を報じるメディアは、総じて耐久消費財の普及に焦点を当てながら、「技術革新によってテレビや電気洗たく機が安価に大量に放出され、それが月賦などを通じて買いやすくなった」などと(『毎日新聞』一九五九年一一月三〇日付)、消費革命を明るく前向きな変化として取り上げた。

変化にともなう不安と問題

他方で、本書の関心からは、消費革命を取り巻く固有の不安や問題の存在を強調しておかなくてはならない。

消費革命による質的変化として重要なのは、家庭向け消費財の分野にまで技術革新の成果が広く及んだことである。電化製品はもちろん、合成繊維やプラスチックなどの化学製品、インスタント食品などの加工製品といった、高度で複雑な工業製品が次々に家庭に入ってきだした。それは、科学技術が消費生活へ押し寄せてくるような変化であった。

それゆえに、従来の生活経験では対処しきれず、未知で危険な商品の氾濫に不安を抱えながら、事故や被害にあうことも珍しくない状況が生じていた。森永ヒ素ミルク中毒事件（一九五五年）やカネミ油症事件（一九六八年）のような重篤な健康被害をともなう事態の発生は（中島二〇二一、宇田二〇一五）、消費者に強い不安を抱かせた。

苦情や相談などを受け付ける企業側の消費者対応は未整備であった一方、企業サイドにおける大量生産体制の整備と積極的な広告宣伝の展開は、人びとの欲望をさまざまに喚起する働きかけを強めたから、消費者は未知の危険や不安を感じながらも自衛によって対応するほかなかった。

加えて、著しい物価上昇も、消費者にとっての大きな不安要素であった。

図1－1が示すように、高度経済成長期は激しい物価上昇の時代で、特に消費者物価の上昇が顕著であった（三和・原編二〇一〇）。卸売物価との乖離《かいり》は、生産性格差インフレとして説明される。大企業が賃金上昇を生産性上昇で吸収できたのに対し、中小企業、農業、サービス業などでは賃金上昇が価格に反映されたために消費者物価の上昇につながったといわれる（杉山二〇一二）。事後的に見れば、平均的な賃金水準は消費者物価の上昇を上回る伸びを見せたため（三和・原編二〇一〇）、家計にとっては、消費水準の向上をたしかに実感できたであろうことは間違いない。

しかし、同時代を生きる人びとには、物価も賃金もいつどのようにどこまで上がるか不透

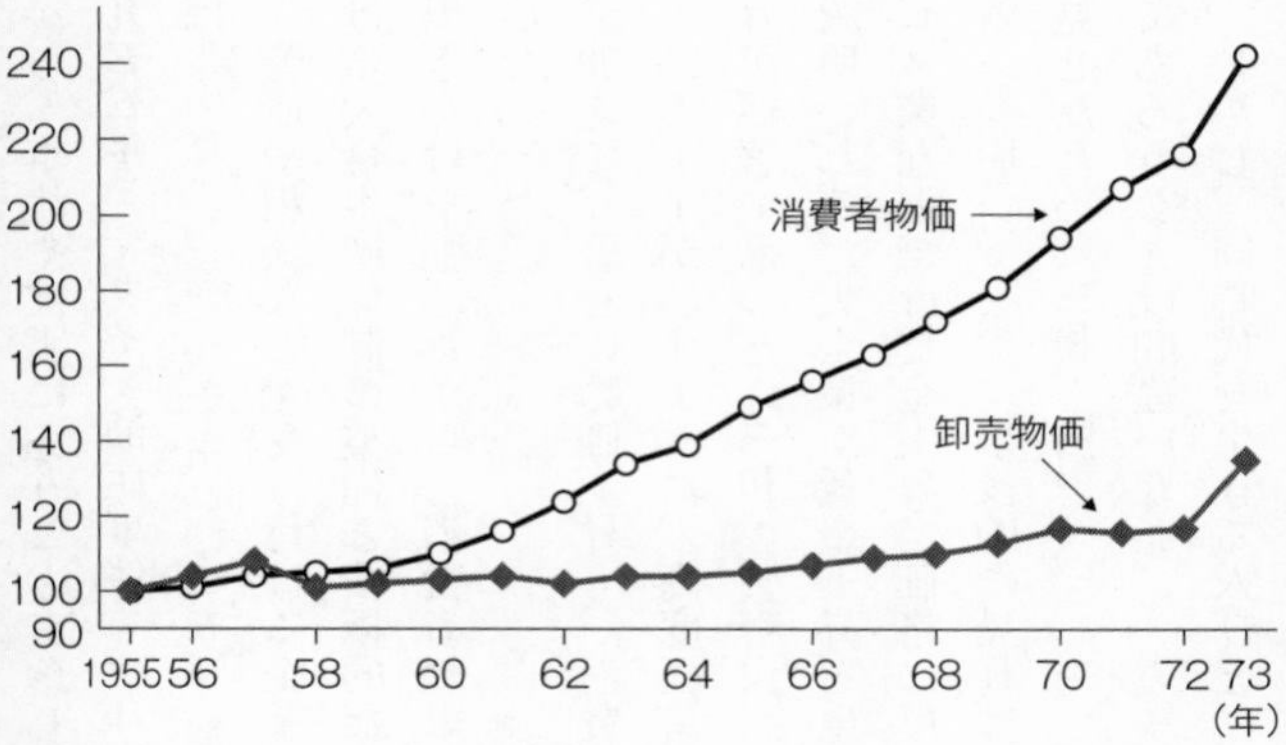

図 1 - 1　物価水準の動向（1955年＝100）

明であり、その変化の大きさゆえに、たとえば中長期的な家計管理は常に見直しを迫られる不安定さを抱え込んでいた。実際、消費者物価の上昇は物価問題として焦点化し、消費者へのしわ寄せという同時代の認識につながって、一種の社会問題になっていた。

以上、高度経済成長期に消費革命と呼ばれた消費生活の革命的な変化は、たしかに消費水準の向上をもたらすポジティブな変化であったが、同時に、急激な変化にともなう固有の不安や不安定さを抱えるものでもあった。こうした明るさと暗さを同居させた状況こそが、消費者という言葉に強い意味が込められていく実態上の背景だったと言える。

2　消費者主権という理念

経済同友会の修正資本主義論

本書のテーマに照らせば、経済同友会は、経済団体として消費者に最も強い関心を寄せたことで注目される。ここでは、その創立に遡りつつ、具体的に見ていきたい。

経済同友会は一九四六年に創立され、少壮の進歩的な経済人からなる経済団体として知られる。ＧＨＱ／ＳＣＡＰ（連合国軍最高司令官総司令部）による占領政策で、財閥解体や財界追放にともない多くの大企業経営者が追放（パージ）された結果、いわば突如として部長クラスの中堅幹部が経営を担うこととなったため、そうした少壮の経営者たちが団体の結成に向かったのであった。

経済同友会の進歩的な性格を象徴するものとして注目を浴びたのが、修正資本主義の構想である。この構想は、ＧＨＱ／ＳＣＡＰによる経済民主化の推進に呼応するかたちで、日本特殊鋼管社長の大塚萬丈《ばんじょう》（１８９６～１９５０）が一九四七年に試案としてとりまとめた。その内容は、所有と経営の分離を柱とする企業の民主化改革を打ち出したもので、財界保守派からは資本主義の否定につながると批判を浴びて、経済同友会の内部からも反発があった

大塚萬丈（写真提供：朝日新聞社）

ために公式見解とはされなかったが、以後、経済同友会の活動を貫くいわば思想的支柱となった（岡崎ほか一九九六）。

興味深いことに、経済同友会の修正資本主義論では、消費者という言葉がきわめて強い意味を帯びて使われている。やや長くなるが、大塚が発表した「修正資本主義の基本構造」から、関連部分を引用する（『東洋経済新報』一九四七年五月）。

> そもそも社会構成員は一人残らず消費者である。従つて社会における最も普遍的・包括的の利害は消費者の利害である。固より労働階級は消費者中の大部分を占めるものであるが、しかしそれにしても労働階級の利害は消費者の利害よりも狭く、しかも労働の種類の異るにつれて必ずしも一致せず、むしろ対立する場合すらあり、到底消費者としての利害の包括的なるに及ばない。しかしてかくの如く消費者としての利害が最も包括的である以上、この消費者の利害を代表する職能者が経済を運営することがむしろ当然である。／しからば先ず消費者の利害とは、具体的に何を意味するか。いう迄もなく優良

且能う限り低廉な商品が能う限り多量に生産されるということであり、これこそ消費者にとつて最大の関心事である。かくの如く考えて来れば、経営者こそ経済の運営者乃至生産の指揮者として最も適当であることがよく理解されるであろう。何故ならば資本家のインスピレーションが営利であるに対し、経営者のそれは生産そのものであり、従って資本家の本能は最大の利潤を獲得し得るように生産を行うことにあるに対し――そのためには生産の制限、製品の廃棄もいささかも背理ではない――経営者の本能は出来る限り優良な商品を、出来る限り低廉に、出来る限り多量生産することに存するからである。

先述のように、経済同友会の修正資本主義論は、所有と経営の分離を柱とする企業民主化を打ち出したが、それは資本家（＝所有者）中心の資本主義と、労働者中心の社会主義の双方を批判しながら、経営者こそが企業運営を司る者として最もふさわしいと説くものであった。前後の文章と合わせてみると、引用部分の意味を次のように整理できよう。

すなわち、修正資本主義は「資本家の私益」を放逐し、「社会公益」を指導原理とするもので、そのためには企業運営の権限を専門経営者の手に移すことが望ましい。他方、では「労働階級自体が生産を司る社会主義の方が遥に合理的」かと言えばそうではない。引用部分にあるように、「労働階級の利害」は社会全体から見れば部分的なものにすぎず、より普遍的で包括的なのは「消費者の利害」の方である。消費者の「最大の関心事」は、優良かつ低廉な商品が多量に生産されることにあるから、利潤に関心の基礎を置く資本家よりも、生産そのものに意を傾けられる専門経営者こそが「指揮者」たるにふさわしい。

序章で見た三つの観点に照らせば、ここには消費者の利益という観点が色濃く表れている。そのうえで、①消費者の利益を、社会全体の包括的な利益として労働者の利害に対置して意味づけていること、②消費者の利益は、優良かつ低廉な商品が多量に生産される点にあるとみなすこと、③消費者の利益を実現する主体として、専門経営者こそが最もふさわしいと説いていること、という点がそれぞれ注目される。社会主義に対抗する資本主義の正当性と、企業民主化を担う専門経営者という担い手の正統性が、ともに消費者の利益を根拠とするかたちで説かれているのであった。

この発想は、次に見る通り、生産性向上運動における消費者主権への着眼に連なっていく。

生産性向上運動とは何か

一九五五年に日本生産性本部は、アメリカの対日支援と日本政府の支援を受けて発足した。これに先立ち、五三年一二月からアメリカ大使館が経済同友会に接触して会合を持ち、その場で、生産性向上のための組織ができれば、アメリカとして援助が可能との提案がなされた。アメリカ側としては、共産主義に対抗するには貧困の解決が重要で、そのためには生産性向上で労働者の生活水準を向上させる必要があると考えたのである。

このときアメリカはすでに、ヨーロッパに対する生産性向上運動支援の経験を持っており、マーシャル・プランと呼ばれた一九四七年のヨーロッパ経済復興援助計画を起点に、東西冷戦下の対共産主義政策を推し進めていた。この経験をもとに、アメリカ側は日本に対して、政府・民間・労働組合の協働による三位一体方式を強く主張し、生産性の向上に基づく経済成長で階級対立を克服するためには、労働者への成果配分が不可欠だと説いたのであった。

こうしたアメリカ側の動きは、「生産性の政治」として強い外交上の意図に貫かれており、冷戦外交での労働組合の争奪状況を背景としていた（中北二〇〇八）。

他方、日本側のキーマンは、経済同友会の郷司浩平《ごうしこうへい》（1900〜89）である。郷司は先に見たアメリカ大使館との会合にも出席していたが（島田二〇一八）、それに先立つ一九五三年五月に欧州視察を行った際、生産性向上に協力的な労使関係に感銘を受けていた（日本生産性本部一九八五）。もともと彼は経済同友会の結成を呼びかけた一人で、発足後は事務局長を務めたが、この欧州視察をきっかけとして、生産性向上運動の導入を働きかけて日本生産性本部の設立を主導し、設立後は専務理事としてその活動を支えた。

興味深いことに、日本の生産性向上運動では、消費者に特別な意味が与えられた。日本生産性本部と日本政府との第一回生産性連絡会議（一九五五年）の場で確認された生産性運動に関する三原則は、政府・民間・労働組合の協働による三位一体方式というアメリカの要求に沿う方針を打ち出したもので、その内容は次の通りである。

1. 生産性の向上は、究極において雇用を増大するものであるが、過渡的な過剰人員に対しては、国民経済的観点に立って能う限り配置転換その他により、失業を防止するよう官民協力して適切な措置を講ずるものとする。
2. 生産性向上のための具体的な方式については、各企業の実情に即し、労使が協力してこれを研究し、協議するものとする。
3. 生産性向上の諸成果は、経営者、労働者および消費者に、国民経済の実情に応じて公正に分配されるものとする。

全体としては労働組合を運動に引き込むための方針という性格が色濃いが、本書の関心から興味深いのは、「3」として、消費者への成果配分が約束されたことである。これは、生産性向上運動の国民運動としての性格を担保するうえで、必要不可欠な条件とされた。

左派路線をとる労働組合のナショナルセンター（全国中央組織）の総評（日本労働組合総評議会）は、生産性向上運動を労働強化と賃金抑制を図る手段だと見て、運動に不参加の方針をとった。郷司はこれを「全く倒錯した見解」だと批判する。雇用の増大と実質賃金の向上が運動の目的であって、パイを大きくして、消費者も労働者も経営者もその成果を等しく享受するところに意義があるとして、国民運動の正当性を強調したのである（日本生産性本部一九八五）。

こうした彼の立場は、次に見るような消費者主権の理念に根ざす一面を持っていた。

東西冷戦下の消費者主権

郷司浩平は、一九五六年に経済同友会常任幹事の肩書きで、経済雑誌に「「消費者主権」とは何か」を寄稿している（『実業之日本』一九五六年九月）。そこでは、経済同友会が「資本主義の新しい考え方の一つ」として「消費者主権」を提唱したことを紹介したうえで、次のように説く。

すなわち、「デモクラシーの世の中」における「政治の原則は主権在民」で、「主権在民を経済語に翻訳したものが消費者主権」である。政治の主権者たる国民が自らの代表となる議員を選ぶのと同様に、「どういう生産を選ぶかは、われわれ消費者の決めること」として、

「生産の選択権は消費者にある」とするのが、「消費者主権」の意味するところだという。

こうした理解そのものは、市場経済の究極的な支配力が消費者にあるとする消費者主権の標準的な考え方に則ったものと言えるが、その意義を社会主義を批判する文脈で論じていたことが注目される。

郷司は、社会主義の国々を、国家が経済政策によって生産を決定する「いわば生産者主権の国」として対置したうえで、「生産者主権」は「政治でいえば全体主義、独裁主義に通ずるもの」だと批判する。一方、「われわれは自由を肯定し、民主主義に生きるもの」であって、「もしも消費者主権を認めなければ、それは反自由であり、反民主主義ということになってしまう。したがって、社会主義を資本主義よりも進んだものと見る「素朴な観念」は否定されるべきで、世界的に見れば、資本主義に「新しい肯定的な空気が出てきている」のだから、そのことに日本の経営者は自信を持つべきだという。

そして、「経済は国民のためにある」のだから、「経営者は株主に奉仕することだけが役目ではな」く、「消費者にも奉仕し、従業員にも責任をもつ」立場にあるとして、経営者には、株主・消費者・従業員の「三点の頂点に立つ」自覚が必要だと強調する。この立論の底流に、修正資本主義論の影響が色濃くうかがえることは、ここまでの議論から明らかであろう。

消費者主権の理念は、東西冷戦下にあって、民主主義と資本主義を擁護する根拠という、すぐれて政治的な意味を与えられていたのである。

「消費者は王様である」

消費者主権という言葉は、生産性向上運動の活動を通じて、たとえば日本生産性本部による『生産性の理論と実際』（第三巻、一九五六年）でも紹介されているが、より注目を集めたのは、「消費者は王様である」という言葉であった。この言葉は、第一次トップ・マネジメント視察団（一九五五年九月）やマーケティング視察団（五六年三月）など、日本生産性本部による海外視察団が持ち帰ったものとして脚光を浴びるようになったという（日本生産性本部一九六五）。

先の郷司の寄稿のように、消費者主権の理念が市場経済の次元に属するのに対して、「消費者は王様である」という言葉は、企業経営の次元でマーケティング上の理念として用いられる。「マーケティングは、まず消費者調査を行って、それから生産をして販売し、販売し終ってからも売った商品の良否について責任をとる」順序が大切で、その意味で「消費者は王様である」といわれるのだ、といった具合である（『マーケティング』日本生産性本部、一九五七年）。

こうした視点の置き方は、事業者の側に消費者の利益にかなう製品の追求を求めることにつながり、たとえば次のように強調される（『生産性講座』第五巻、ダイヤモンド社、一九五七年）。

> われわれが小説本を買うのは、それを読んでおもしろいと思うからで、それによって著者が巨額の印税を獲後《ママ》〔獲得〕してぜいたくができるようにと願って本を買っているのではない。と同様に、消費者が製品を買うのは、それを利用して得られる利益があると思うから求めるのであって、それを買うことによって業者の繁栄を図ってやりたいと考えているのではない。そこで業者としては、つねに消費者の利益になることを考えなければならないという意味で、「消費者は王様である」という言葉をもう一度考えていただきたいのである。

現在の目から見ると、著者の立場を想って本を買うことは、推し活や応援消費としてむしろ積極的に肯定されるかもしれないが、当時としては、事業者の側に消費者利益の追求を厳しく求めるところに発想の新しさがあり、その意味で、「消費者は王様である」という言葉は、まずは事業者に対する警句として作用したと言える。

家政学者の実感を超えて

日本女子大学の家政学部長を務める氏家寿子《うじいえひさこ》（1898〜1985）は、日本生産性本部での座談会「消費者は王様を語る」で、もともと日本の学問のなかでは「消費者よりもなんといっても生産者を表面に出さないとお座敷に出られないという雰囲気」があったが、「このごろのように消費者を大っぴらにいって、どなたにもうなずいていただけるというのは、学校で家政学をやっている私にはほんとうに天国」だと嬉々として語った（『日本生産性新聞』一九六〇年七月一八日付）。

この座談会が掲載されたのは一九六〇年の機関紙である。当時の家政学は、衣食住を中心とした家庭生活の具体的な課題に力点を置くものであったが、日本を代表する家政学者の氏家がこのような発言をしているのは興味深い。消費者という言葉が、一九六〇年代以降に社会的な定着を見たことは序章で確認した通りであるから、彼女の実感のこもった発言には、相応の実態が伴っていたと見て大過なかろう。

そして、一九六〇年代に入る頃には、「消費者は王様である」という言葉を、消費者サイドから批判的にとらえ返そうとする言説が増えていく。その動きには消費革命にともなう不安や問題の存在が深く関わっていた。

たとえば、一九六二年の『読売新聞』では、「王様になりましょう　賢い消費者」と題した特集が組まれている。この特集は、九月一二日付から一一月二四日付にかけて、全五一回にも及ぶ大型連載として組まれたもので、全体の趣旨は以下のように説明される。

「消費者は王様です」「消費は美徳です」とささやかれても、いっぺんにニコニコして王様気取りになるのは待って下さい。〝裸の王様〟になったのではなんにもなりませんから、よく考えぬいた王様、実質的にお見事な王様になりましょう。その知恵やくふうを勉強したいと思うのです。賢い王様として、豊かで充実した生活を築きあげるために……。

「裸の王様」という表現は、アンデルセンの童話からとられたもので、ありもしないことなのに詐欺師の仕立屋に騙されてしまう王様のエピソードに由来する。「裸の王様になるな」という警句は、「消費者は王様」という言葉を消費者側から批判的にとらえ返す文脈でよく用いられ、企業の宣伝やマーケティングに踊らされないように戒める主旨が込められていた。「賢い王様」として、自身の目で主体的に真実を見抜けるようになってこそ、真の「王様」なのだという主旨である。

この文脈で、なぜことさら「賢い」ことが強調されるのかと言えば、消費革命がそれまでの生活経験で対応できない新たな課題を生じさせていたからであった。

事実、この特集第一回目の記事は、「よい物を正しく選ぶために」というテーマのもとで、「テレビ、ステレオ、電気冷蔵庫、電気洗たく機、クーラー、ナイロン、テトロン、不織布、合成洗剤からインスタント食品まで、かつては想像もできなかった文明のチャンピオンたち」が、「ここ何年間に私たちの生活そのものをすっかり変えてしま」い、「現代は、もはや個人の知識や経験だけでは的確な買物はできなくなった」と説く。「電気や化学や栄養や色彩についての実際知識のほか、心理学や経済学や生活科学などのかなり深い研究が必要」だというのが、消費革命を生きる消費者の実感だったのである。

この特集全体については、表1－1としてテーマを列挙したが、総じて、アメリカの例をたびたび参照しながら、欲望を喚起して浪費を誘う企業サイドの働きかけに対して、消費者としてどう対峙すべきかが説かれていた。興味深いのは、それを単なる心構えの問題にとどめずに、商品テスト・消費者対応・消費者運動といった取り組みや、規制・表示に関わる消費者行政、広告宣伝のあり方、流通機構のしくみなど、消費者として知っておくべき、学習しておくべきトピックの形で具体的に提示していた点である。裏返せば、これらを一通り学んでおかねば消費革命に対処できない、と考えられていたわけである。

序章で紹介したように、一九六五年三月三日付の「かしこい消費者」と題する『朝日新

	タイトル	トピック
1	よい物を正しく選ぶために	総論
2	アメヤ横丁始末記	貿易自由化
3	お化けの消費者価格	貿易自由化
4	自由化のそよ風	貿易自由化
5	技術革新の台所	貿易自由化
6	ジャパン製の海外みやげ	貿易自由化
7	消費革命の心理学	浪費と欲望
8	消費は美徳か	浪費と欲望
9	苦悩するアメリカ	浪費と欲望
10	買わせる三戦略	浪費と欲望
11	気休めの商品知識	商品テスト
12	商品をテストすれば	商品テスト
13	アメリカの消費者同盟	商品テスト
14	雑誌社の品質保証	商品テスト
15	消費者の自己防衛	消費者運動
16	日本消費者協会	消費者運動
17	最低の商品知識	消費者運動
18	テスト員の公開状	消費者運動
19	主婦連の日用品試験室	消費者運動
20	クレーム歓迎時代	消費者対応
21	苦情のつけ方	消費者対応
22	消費者行政	消費者行政
23	懸賞販売の制限	規制と表示
24	不当表示防止法	規制と表示
25	ジュースの農林規格	規制と表示
26	家庭用品品質表示法	規制と表示
27	電気用品取り締まり法	規制と表示
28	JIS マーク	規制と表示
29	工業標準化法	規制と表示
30	JIS は標準品	規制と表示
31	JIS の条件	規制と表示
32	グッドデザイン・マーク	規制と表示
33	グッドデザイン運動	規制と表示
34	不十分な説明書	取扱説明書
35	読まれない説明書	取扱説明書
36	小売りの革命期	流通機構
37	あきれた特約店	流通機構
38	機械で消費診断	流通機構
39	スーパー・マーケット	流通機構
40	SSDDS	流通機構
41	流通機構の複雑さ	流通機構
42	安売りルート	流通機構
43	自動販売機時代	流通機構
44	正直な働き者	流通機構
45	第二の販売革命	流通機構
46	不合理なサービス	流通機構
47	消費の自由	消費観
48	国産品の値段	貿易自由化
49	現代の広告	広告宣伝
50	近代的消費者	消費者教育
51	国産品愛用論	貿易自由化

表1-1　「王様になりましょう　賢い消費者」『読売新聞』連載テーマ一覧

(出所)『読売新聞』1962年9月12日付～11月24日付により作成。
(注)「トピック」は記事の内容から判断して付記した。

聞』の社説に、「気の弱い主婦などノイローゼにもなりかねない」とまで書かれたことも、このような状況を踏まえればよく理解できよう。

もう一つ、この表1－1からは、貿易自由化が大きなトピックだった点もうかがえる。一九六〇年に貿易・為替自由化計画大綱が策定されてから、一九六四年にIMF八条国・GATT一一条国へと移行を果たすまで、年を追うごとに自由化品目が増えるなか、国産品の価格や競争力が、消費者に関わる問題として捉えられていたのである。こうした捉え方は、「私たちが努力して、よい物を正しく選ぶことは、悪い物を社会からほうむる粛正の効果を生むことに」なるという消費者主権の理念に根ざすものであった（『読売新聞』一九六二年九月一二日付）。

3　日本消費者協会とかしこい消費者

消費者団体の発足

一九六一年には、日本生産性本部の取り組みのなかから、日本消費者協会という消費者運動の団体が発足した（原山二〇一一）。ここまで見てきたように、生産性向上運動が消費者主権の理念に根ざす面を持ち、先述の生産性三原則でも、経営者、労働者とともに消費者への成果配分が謳われたことを踏まえれば、日本生産性本部が消費者運動に乗り出すこと自体は、それほど不思議でもなかろう。

日本消費者協会は商品テストと消費者教育を活動の柱としたが、本書が関心を寄せるのは、協会が説く「かしこい消費者」という消費者像の持つ作用である。以下、協会の位置づけを踏まえつつ、かしこい消費者という一種の規範がどのような特徴をもったのかを確認したい（満薗二〇二二b）。

表1－2は、一九六二年の日本消費者協会役員である。会長、理事長、専務理事は日本生産性本部から出ており、前出の郷司浩平も理事に名を連ねていたことがわかる。

加えて、主婦連（主婦連合会）会長の奥むめお（1895～1997）や、全地婦連（全国地域婦人団体連絡協議会）会長の山高しげり（1899～1977）も理事に就いており、氏家寿子ら家政学系および家庭科教育に関わる人物も目につく。労働組合からは全労（全日本労働組合会議）の参加が見られるが、全労は総評と異なり、生産性向上運動に積極的に取り組んだことで知られる。

このうち、主婦連は協会発足よりも前から、生産性向上運動に関わっていた。機関紙『日本生産性新聞』には、主婦連や奥むめおがたびたび登場しており、一九五七年には主婦連の要請に基づき、「消費者と生産者を結ぶ会」の取り組みも始まった（『日本生産性新聞』一九

	役職	氏名	肩書
1	会長	足立正	日本商工会議所会頭／日本生産性本部会長
2	理事長	野田信夫	日本生産性本部理事
3	専務理事	山崎進	日本生産性本部消費者教育室長
4	理事	郷司浩平	日本生産性本部専務理事
5		石井頼三	千葉商科大学教授／日本商品学会会長
6		稲葉秀三	国民経済研究協会会長
7		松平友子	東京家政学院短期大学教授
8		奥むめお	主婦連合会会長
9		奥田富子	日本女子大学教授
10		小野京子	全国友の会中央部委員
11		滝田実	全日本労働組合会議議長
12		司忠	東京商工会議所副会頭
13		氏家寿子	日本家政学会副会長／日本女子大学家政学部長
14		宇野政雄	早稲田大学商学部教授
15		山本キク	大妻女子大学教授
16		山高しげり	全国地域婦人団体連絡協議会会長
17		大和マサノ	全国高校家庭クラブ連盟副会長
18		吉田秀雄	東京商工会議所商業部会長
19	監事	水田直昌	全国銀行協会連合会専務理事
20		向井鹿松	中央大学商学部教授／日本商業学会会長

表１-２　日本消費者協会役員一覧（1962年）

（出所）『買いもの上手』27号、1961年9月、30号、1962年1月により作成。ここでは『日本消費者問題基礎資料集成1　日本消費者協会資料』すいれん舎、2004年の復刻版を利用した。

五七年八月五日付）。同会はいわゆる工場見学を行うもので、味の素、東芝、森永製菓、旭電化、三越、佐々木硝子、三共、那須アルミ、積水化学、日本麦酒といった会社の工場見学を実施している。

一九六〇年四月には、日本生産性本部から消費者教育専門視察団がアメリカに派遣され、その団長を奥むめおが務めた。主婦連からはほかにも、事務局長の勝部三枝子と日用品試験室長の高田ユリがメンバーに名を連ねた。視察団はアメリカの消費者運動などを実見し、その先進性に目を開かれながら帰国の途についた(『日本生産性新聞』一九六〇年八月八日付)。

日本生産性本部からすれば、主婦連との連携は消費者代表を運動に引き込む狙いがあったのだろう。他方、主婦連にとっても、日本生産性本部の活動に共鳴するところが大きかったに違いない。

実際のところ、一九四八年に結成された主婦連は、草創期には公定価格によらない闇値(ヤミ価格)での取引や不良品の追放に成果を挙げたが、一九五〇年代後半には、「闘争的になり勝ちな反対運動が少くなかつた」ことへの反省が内部で議論されるようになり、新たな運動の方向性を模索していた(『日本生産性新聞』一九五八年七月一四日付)。

一九五六年に主婦会館が開館し、日用品試験室がオープンしたことは、主婦連が商品テストや消費者教育へと新たに展開する契機となった。消費革命への対応という点では、日本生産性本部の狙いと響き合うものがあろう。

日本消費者協会の商品テストと花森安治の眼差し

日本消費者協会の活動に関しては、先に紹介した『読売新聞』の連載「王様になりましょ

う　賢い消費者」に紹介記事がある（一九六二年一〇月五日付）。それによれば、機関誌の発行部数は「大体三～五万部ラインを上下」する水準にあり、「うりものは商品テスト」であって、「テストを発表した号の売れ行きが圧倒的」だという。ただし、「商品テストの費用を通産省の補助金にたよったり、運営資金の赤字をメーカーの寄付にあおいでいるため発足当時は「ヒモつきだ」といった批判もかなり強かった」と書かれている。

以後も機関誌の部数は伸び悩み、日本消費者協会は資金難に苦しみ続けた。一九六九年には打開策として、競輪の収益を協会が受け入れる方針が発表されたが、これを批判して主婦連と全地婦連は協会を脱退するに至った（『朝日新聞』一九六九年九月七日付）。

花森安治（写真提供：朝日新聞社）

ヒモつき批判に関しても、通産省からの補助金や財界からの寄付が、一九七一年に国際消費者機構で問題視され、「ほんとうの消費者代表とはいえない」との疑義により、機構の会員権を一時停止される事態に至っている（『朝日新聞』一九七一年三月二七日付）。

商品テストといえば、協会に先んじて、一九四八年創刊の『暮しの手帖』が一九五四年から取り組んでおり、多くの読者を得ていた。創刊者の花森安治（1911～78）は、日本消費者協会が「通産省の予算とメーカーや財界筋の会費や寄付金によって運営されている」ことを批判し、商品テストは「絶対にヒモつきであってはならない」と厳しく説いた(『暮しの手帖』一九六九年四月)。あわせて、商品テストの意味を次のように語っている(『朝日新聞』一九六九年四月一五日付)。

商品テストについて、ぼくは前から考えているんだが、それは消費者のためにあるのではないということ。ひとりの人が一年間に買うおびただしい商品について、いちいち良い悪いがわかるもんじゃない。要は、商品知識があろうとなかろうと、だれもが安心して買える商品をメーカーに作らせること。だから、商品テストはメーカーのためにあるんです。消費者のためになるにはじつはそれしかない。そのためにデータをかかえて戦うんです

ここには、日本消費者協会などの取り組みの問題点が鋭く指摘されているが、その点は追ってより深く明らかにしていきたい。

日本の消費者団体の特徴

その前に、日本消費者協会の歴史的位置づけに関わって、日本の消費者団体をめぐる研究

史上の評価を一瞥《いちべつ》したい。国際比較の視点からは、アメリカの消費者同盟（CU、一九三六年設立）のような団体が、日本で育たなかったことが注目される（井上二〇一二）。すなわち、アメリカのCUは、消費者の経済的利益を追求する団体として、中立的な立場から商品テストを行い、その結果を雑誌などで購読者に情報提供するかたちで、会員の定期購読者による購読料で団体の人材を確保しながら事業を展開した。こうした事業モデルを通じて、CUは一般の消費者に近い大衆的基盤をもつ会員を抱え、一般消費者を代表する消費者団体としての正当性を確保できた。

それに対して、日本の消費者運動では、CUをモデルとするような消費者団体が育たなかった。こうした状況は世界的に見ても特徴的で、その要因の一つとして、日本の消費者運動が、女性を担い手とする運動を軸に展開されたことが挙げられる。日本では、アマチュアの女性によるボランタリーな活動が主流で、CUのように男性を含むプロフェッショナルなビジネスとして運営される消費者団体が育たなかった。

実は、日本消費者協会は、CUをモデルとして商品テスト事業に乗り出したのだが、先に見た通り、規模の点でも資金源の点でも、CUのような存在にはなれなかった。『暮しの手帖』をこの文脈でどう評価するかなどの難しい問題は残るが、ここでは少なくとも花森安治が消費者という言葉に積極的な関心を示さず、人間の美と機微を含んだ「暮し」という言葉に強いこだわりを持ち続けた点を指摘するにとどめておきたい。

かしこい消費者の育成

さて、商品テストと消費者教育からなる日本消費者協会の主な活動のうち、消費者教育についてては協会の枠を越えた影響の広がりをもったと考えられる。協会が打ち出す、かしこい消費者という消費者像の内容に注目しながら見てみよう。

日本消費者協会の前身は、一九五八年に日本生産性本部内に置かれた消費者教育委員会で、五九年からタブロイド判の機関紙『買物上手』を発行した。買物上手という言葉は、その頃の活動におけるキーワードで、五九年には買物上手に関わる標語の懸賞募集が行われた。表1－3は、その懸賞当選をはじめとした標語の例を列挙したものだが、買物上手が消費生活での生産性上昇や貯蓄増強に結びつけられていたとわかる。また、誰が買物上手になることを期待されたかといえば主婦であり、性別役割分業規範の根深さがうかがえよう。懸賞当選者には男性と思われる名前が多いから、男性が主婦としての女性に買物上手たる役割を期待する、という関係にあったこともわかる。

機関紙『買物上手』は、一九六〇年に『買いもの上手』という冊子体の機関誌へと改められた。六一年に日本消費者協会が発足してからも、同名の機関誌として引き継がれたが、六

掲載	標語	懸賞当選		
その1	買物上手でわが家の生産性を高めよう	―		
その2	買物上手は貯蓄上手	―		
その3	しあわせも　いっしょに買える　買い上手	1等	岩手県釜石市	滝田常晴
その4	買い上手　あなたが高める　生産性	2等1席	長野県上田市	佐藤暢一
その5	商品の　知識がものいう　買物上手	2等2席	北海道札幌市	竹内肇
その6	買い上手　暮し上手の　第一歩	2等3席	三重県松坂市	中田三八子
その7	買いものは　品質選んで　マーク見て	3等	岐阜県川辺町	中島義彦
その8	買物に生かせ　日頃の　主婦の知恵	3等	茨城県油縄子町	植木佳子
その9	買物で　伸ばせ家庭の　生産性	3等	福島県国見町	阿部蔵
10号	家計簿に　黒字生み出す　買い上手	3等	岐阜県羽島市	山田守男
11号	暮し方　先ず買い方の　工夫から	3等	千葉県君津郡	藤川悟
12号	買い物の　知恵で明るい　衣食住	3等	島根県南加茂	毛利忠義
13号	買い上手　選び上手で　よいくらし	3等	鳥取県瓦町	鈴木文夫
14号	生活を　豊かにのばす　買い上手	3等	富山県西礪波郡	小島あい子
15号	消費者も　買いもの上手で　生産者	3等	奈良県生駒郡	横山正徳
16号	買いものは　よく見よく聞き　よく選べ	佳作	青森県三戸郡	橋本桂子
17号	備えある　くらしをきずく　買い上手	―		
18号	見かけより　品質で選ぶ　買い上手	―		
19号	生活を　明るくのばす　買いもの上手	3等	福岡県筑穂局	金丸康成
20号	買いものは　計画たてて　慎重に	―		
21号	正しい標示で　明るい買いもの	―		
22号	たくわえは　主婦の腕から　工夫から	―		

表1-3　「買物上手」（『日本生産性新聞』）標語一覧

（出所）「買物上手」その1～9（『日本生産性新聞』1959年7月6日、8月3日、9月14日、11月2日、11月30日、12月14日、1960年2月1日、2月22日、3月14日）、『買いもの上手』10号（1960年4月）～22号（1961年4月）による。ここでは『日本消費者問題基礎資料集成1　日本消費者協会資料』（すいれん舎、2004年）の復刻版を利用した。

（注）懸賞募集による標語はその3掲載分から。なお、募集は生産性新聞紙上で行われ、全国から5,300句の応募があったという（『日本生産性新聞』166号、1959年9月14日付）。

三年からは『月刊消費者』に改題している。

一九六五年一月の『月刊消費者』には、「かしこい消費者になるためのかるた」という遊び心のある企画として、表1－4に挙げたような読み札の一覧が掲載された。ここには、浪費をしない、広告やマーケティングに踊らされない、といった心構えに加えて、店選び、商品選び、表示、量目、計画性などの観点に照らした注意が列挙されており、協会がめざすかしこい消費者という消費者像の内実が、買物上手としてのかしこさに収斂《しゅうれん》していたことがうかがえる。

しかも、そのかしこさの方向は、消費者個人による自衛をベースとした発想が強く、消費者運動や消費者行政に向かう視点や、消費者の権利という思想に伸びていく関心は弱かった。日本消費者協会のねらいは、消費者を経済成長という政策課題のなかに包摂していくことにあった（原山二〇一一）。日本消費者協会が掲げる「消費者運動の原則」には、「消費者の社会的責任」という項目があり、「消費者はみずからその消費生活を健全なものとすることに努力し、有効な消費者行政に協力し、社会全体の健全な成長をたすけるべきである」とされた（『月刊消費者』一九六三年一月）。通産省と財界に支えられた消費者運動は、正しい判断力をもった消費者のニーズが、適切に企業へ伝えられることでこそ、企業の国際競争力の向上につながる、という通産政策の枠組みに消費者を包摂していく意図のもとで進められてい

い	いろいろの　カタログ集めて　まず検討	い	色と柄　流行ものより　身に合うものを
ろ	論外な　へたな買いもの　衝動買い	の	のんびりと　買いものできぬ　こどもづれ
は	はっきりと　用途目的　きめてから	お	おくりもの　メモして早めに　心をこめて
に	人数に　合った大きさ　機能のものを	く	暗い店　不潔な店は　悪い店
ほ	包装の　よさで中味は　わからない	や	安いから　だけの理由で　買わぬこと
へ	変色の　有無を確かめ　生地選ぶ	ま	ママとパパ　買いもの相談　ぼくのうち
と	特売日　初日の朝は　品数多い	け	計画を　たてて月賦を　上手に利用
ち	着色料　ない食品が　理想的	ふ	不愉快な　店は正札　つけてない
り	流行を　やたらに追うな　とびつくな	こ	コマーシャル　ブランド（商品名）連呼は　やな感じ
ぬ	塗りのいい　製品選ぼう　家具調度	え	遠慮せず　利用をしよう　買いもの相談
る	ルーズな　買いもの　身の破滅	て	店頭の　日の当たる食品　買わぬこと
を	押し売りは　絶対いれるな　玄関に	あ	あたらしい　商品知識を身につけよう
わ	悪い品　買ったら返品　遠慮なく	さ	さっきゅうに　アフターサービスする店を
か	カタログだけ　見て注文は　損な買い方	き	着てみよう　それから買おう　衣料品
よ	よく見よう　品質表示の　あるなしを	ゆ	優秀な　品を教える「商品テスト」
た	ためそう　自分で　操作して	め	メジャーもち　自分で計ろう　調度品
れ	レジャー品　意見を聞こう　ベテランの	み	みばがよい　だけでは買うまい　耐久品
そ	その店の　よしあしわかる　整頓ぐあい	し	新製品　あわてて買うな　いま一考
つ	月掛けの　予約は定款　よく読んで	え	えばらずに　上手に利用　ご用聞き
ね	寝る前に　必ずつけよう　家計の帳簿	ひ	ひとやまの　ものを買うより　はかり売り
な	なぜよいか　考えて買おう　輸入品	も	もう一度　念入れ読もう　使用説明書
ら	乱暴な　ことばかけるな　店員に	せ	製造日　わからぬ食品　買わぬこと
む	むだなもの　買うな　スタンプ集めるために	す	すいている　時間にゆっくり　買いものを
う	うちのママ　はかり（計量器）をもってる　使ってる	京	きょうも『月刊消費者』で買いもの上手

表１-４　「かしこい消費者になるためのかるた」（1965年）

（出所）「消費者かるた　かしこい消費者になるためのかるた」『月刊消費者』65号、1965年1月、32-35頁により作成。ここでは『日本消費者問題基礎資料集成1　日本消費者協会資料』第7巻、すいれん舎、2004年を利用した。

たのである。

もともと生産性向上運動のなかで、消費者は生産性上昇の利益分配を受ける受益の主体として位置づけられたはずだが、日本消費者協会は、消費者に経済成長を支える責任の主体となるよう求めたわけである。消費者主権の理念をとらえ返そうとした消費者の営為は、買物上手のかしこい消費者たるべきという規範によって、消費者の権利よりも消費者の責任に力点を置く形で、責任主体としての消費者を立ち上げる方向に向かったのである。

買物上手を教育で生み出す？

かしこい消費者の育成という消費者教育の理念は、協会の枠を越えた広がりをもった。表1－5は、縦割り行政としての性格を強く帯びていた消費者行政のうち、経済企画庁と通産省の主管に関わる流れをそれぞれ整理したものであるが、いずれにも日本消費者協会理事長の野田信夫が深く関わっていたことが見てとれよう。

このうち、通産省による産業構造審議会の消費経済部会では、一九六五年に「消費者意向の活用の方策と消費者教育のあり方についての答申」が示され、次のような消費者教育の理念が提示された（日本消費者協会一九六六）。

年次	経済企画庁関係	通商産業省関係
1961	・国民生活向上対策審議会の設置 会長：東畑精一、会長代理：**野田信夫**	・割賦販売法の制定 ・日本消費者協会の健全な育成をはかるため日本生産性本部に商品テスト補助金を支出
1962	・国民生活研究所の設置	・家庭用品品質表示法の制定
1963	・国民生活向上対策審議会「消費者保護に関する答申」で以下の提言 ①消費者保護行政の強化 ②消費者保護のための行政機関の新設・拡充強化	・日本消費者協会の行う商品テスト事業と苦情処理事業に対して補助金の交付を開始
1964	・臨時行政調査会「消費者行政の改革に関する意見」として以下の勧告 ①経済企画庁に消費者局を設けること ②消費者行政評議会を経済企画庁に付置すること ③地方公共団体でも必要に応じて消費者行政専管の担当課を設けること	・企業局に消費経済課を創設 ・産業構造審議会（産構審）に消費経済部会を設置 部会長：**野田信夫**（成蹊大学学長）
1965	・経済企画庁に国民生活局設置 国民生活課・消費者行政課・物価政策課の３課 ・国民生活向上対策審議会を国民生活審議会（国生審）に改組 会長：大原総一郎、会長代理：**野田信夫**	・消費生活改善苦情処理制度の開始 一般消費者からの苦情受け付け ・消費生活改善監視員制度の開始 全国 300 名のモニター委嘱、割賦販売法、工業標準化法・電気用品取締法につきアンケート調査 ・産構審消費者保護部会「消費者意向の活用の方策と消費者教育のあり方について」答申
1966	・国生審「消費者保護組織および消費者教育に関する中間報告」	・工業標準化法の改正 ・日本消費者協会への補助金を大幅増額 前年度 700 万円から 2,000 万円へ
1967		・日本消費者協会の行うパブリックスケール事業（試し秤りの制度による量目の不正チェック）にも補助金の交付を開始
1968	（消費者保護基本法の制定）	
		・商品テスト網整備の事業を開始 ・電気用品取締法の改正
1969		・テレビ放送「ご存じですか奥さま」放送開始
1970	・国民生活センターの設立（国民生活研究所が前身） 国民生活に関する情報提供、苦情相談、商品テスト、調査研究を行う	・ガス事業法の改正

表１-５　経済企画庁と通商産業省の消費者行政（1961-70年）

（出所）経済企画庁国民生活局編『国民生活行政20年のあゆみ』大蔵省印刷局、1986年、樋口一清「通商産業省の消費者行政の変遷とその役割」『日本消費者問題基礎資料集成６　政府関係資料』別冊、すいれん舎、2007年および同第5巻所収の通商産業省関係資料により作成。

消費者教育の意義は、自主性をもった賢い消費者を育成することにより、商品、サービスの合理的な選択、使用を通じての効用の極大化を助長し、消費生活を向上させることにある。さらに、その結果、消費者教育は、よい商品、よいサービスを適正な価格で提供する企業を育成することにより、経済社会全体における資源の最適配分を図ることにも貢献することとなる。

他方、経済企画庁による第一次国民生活審議会の消費者保護部会では、一九六六年に「消費者保護組織および消費者教育に関する答申」の中間報告が行われ、そこには、①「自主性をもった賢い消費者を育てること」、②「消費者として商品、サービスの合理的な価値判断をする能力を養うこと」、③「合理的に消費生活を向上させる方途を知らしめること」、④「経済社会全体のうちにおける消費および消費者の意義を自覚させること」という内容が盛り込まれた。最終答申では、このなかの①が目標に格上げされ、②③④がその下位に位置づけられている。

どちらも消費者教育の中心には、「自主性をもった賢い消費者」の育成が据えられ、かつ育成を通じて消費者を経済発展に寄与する存在として位置づけようとする内容であった（鶴田・福留一九九〇、色川二〇〇四）。いずれも消費者の権利という発想の希薄さが印象的である。

かしこい消費者の限界

花森安治は、『暮しの手帖』一〇〇号（一九六九年四月）に寄せた「商品テスト入門」という文章のなかで、次のように述べている。

猫も杓子も〈かしこい消費者になろう〉といったうたをうたっている。／しかし、そのために出来ることがあるのだろうか。／このすさまじい商品の洪水の中で、私たちが溺れかけようとしているのは事実である。／だからといって、柄杓やバケツをもちだして、水をかいだしてみたところで、どうなるものでもあるまい。／この商品のすさまじい洪水は、たとえていえば、水道管にヒビが入ったり、バルブを締めわすれたりしたために、どんどん水が地面に溢れ、床下に浸水し、屋根までひたしてしまったようなものだ。／まず、ゆるんだバルブをしっかりと締めることだ。／パイプのヒビをとりあえずふさいで、新しいパイプととりかえることだ。／そちらをほったらかしにしておいて、一生けんめいバケツで水をかいだしているのが、昨今の消費者運動ではないか。

消費者がどれだけ買物上手としてのかしこさを身につけても、すさまじい商品の洪水の前では本質的な問題解決につながらない。この指摘は、商品テストを通じて作り手や売り手の側を変えていくことこそが、よりよい経済社会の実現につながるという花森の持論に連なっている。

一九七〇年代になると、消費者運動に関わる人びとの間からも、かしこい消費者育成への批判や反省が聞かれるようになる。ここでは、日本消費者協会主催のシンポジウム「消費者の自立への道——消費者運動とは何か——」での青山三千子(国民生活センター相談部調査役)と正田《しょうだ》彬(慶應義塾大学教授)のやりとりを紹介しておきたい(日本消費者協会編一九七六)。

青山からは、「消費者は、何か一定のわくを保った賢さなどはなくてもいい」、「賢くない消費者でも安全な生活を保障されるような社会というのが当然だ」との発言がある。正田は、「賢い消費者づくりというところからスタートしたところで、日本の消費者行政というのは根本的に間違ったと思っている」と応じたうえで、その意味を次のように語っている。

たとえば商品知識の問題でも、どんなに賢くなくても、「あぶないぞ」と書いてあったらわかるんだな。ところが、なんとかナトリウムと書いてあるだけで、それは何かの危険性があることを示したことになるのだから、あとは消費者の責任で気を付けろといってみても実際には意味をもたないということです。危険なものであるなら、企業が消費者の生命を守る義務を負っているということになれば、危険だぞと赤で大きく書かなかったら、義務をはたしてないんですね。要するにふつうの市民がみたらわかるという状態にもっていってなければ、その義務をはたしてない。

権利よりも責任に力点を置くかしこい消費者規範の問題点を、鋭くついた発言といえよう。

権利なき主体化のゆくえ

一九六八年に制定された消費者保護基本法は、国と地方公共団体に対して、消費者保護の施策を策定する責務を規定したが、消費者の権利に関する明文規定を欠いていた。同法の全面改正という形で二〇〇四年に成立した消費者基本法で、ようやく消費者の権利が盛り込まれたのである（古谷二〇一七）。

これに関わって、一九六七年から七〇年にかけて放送されたテレビ番組「かしこい消費者」の番組書籍には、消費者保護基本法に関する番組企画委員の意見として、「消費者はまだ甘ったれていやしないか」、「保護されるのが当然」として「努力をする前に安住してしまう」のではダメで、「消費者も経済というもののきびしさを身につけなければ」ならない、なんでも「政府のせい、政治が悪い」となってしまって「むしろ過保護になるおそれ」がある、といった言葉が紹介されている（宇野ほか編著一九七〇）。

一九六〇年代の消費革命のなかで、買物上手たるかしこい消費者の育成が、有効な面をもったことは間違いない。主婦による消費者としての主体的な対応が、固有の歴史的役割を果たした意義は強調されるべきである。家庭でのケアを果たすべく、消費の専門家たることを期待された主婦が、自負とやりがいを持って幸福な生活の実現に努力したことは、消費革命に伴う不安や不安定さを緩和していく意味をもったであろう。

しかし同時に、かしこい消費者という規範は、権利なき主体化を促す規範として作用した。そもそも消費者が企業との関係で構造的な弱者であるという事実は、その規範の作用によって見えにくいものとなる。高度な科学技術を用いた消費財が続々と登場し続け、企業との間に圧倒的な情報の非対称性を免れない状況のなかで、消費者の権利に対する社会的な関心が希薄化したことは、長い目でみれば、消費者問題の解決を遠ざけることにつながったと考えられる。

4　ダイエー・松下戦争の構図

価格決定権をめぐって？

さて、企業レベルの問題に目を転じれば、高度経済成長期に消費者主権の理念を最も積極的に掲げたのが、中内㓛の率いるダイエーであることに、おそらく異論はなかろう。以下では、消費者主権の理念がもつ歴史的な意味について、ダイエー・松下戦争と呼ばれる松下電器との争いに焦点を当てながら考えていく。

ダイエー・松下戦争とは、スーパーのダイエーと、家電メーカーの松下電器産業との間で生じた商品販売価格をめぐる対立のことを指す。一九六四年にダイエーが松下製品の安売りを実施した際、その販売価格がメーカーによる値引き許容範囲を超えていたため、松下がダイエーに対して出荷停止の措置をとったことに端を発する。

ダイエーはこの措置を独占禁止法違反だと公正取引委員会（公取委）に訴え、一九六七年には公取委が松下に違反の勧告を発した。当初、松下はこれを拒否して全面的に争う姿勢を見せたが、七〇年から消費者団体によるカラーテレビ買い控え運動が起こる。その影響が業績に及んだため、松下は一九七一年に公取委による違反行為の排除勧告を受諾し、松下の敗北というかたちで決着した。

ただし、両社の最終的な和解は一九九四年、ダイエーが忠実屋と合併したことを機に、忠実屋と松下との取引を継承するかたちでようやく成立したのであった（石井二〇一七）。

以上がおおまかな経緯であるが、通常、両社の争いは価格決定権をめぐる対立だと説明される。松下はいわゆる街の中小電器店を自社の系列小売店として整備し、小売店に対して、メーカーの許容する範囲の価格で小売販売するよう求める流通系列化を進めていた。しかし、小売店に拘束力の強い措置をとることには、独禁法違反の再販売価格維持行為（再販行為）に該当する恐れが生じる。ダイエーによる公取委への訴えは、直接には再販行為を問題にしていた。ダイエーとしては、そもそも流通系列化はメーカーによる価格支配であって、小売販売価格の決定権は小売店にこそあるべきだとする立場だったから、たしかに価格決定権をめぐる対立と言える。

しかし、本書がそこから一歩踏み込んで注目したいのは、松下も松下なりに、消費者の利益を追求しようとしていた点である。つまり、ダイエー・松下戦争には、ダイエーなりの消費者利益の追求と、松下なりの消費者利益の追求との、消費者利益の追求をめぐるぶつかり合いとしての性格が認められるのである。このことの歴史的な意味を、中内㓛の安売り哲学と、松下幸之助の水道哲学とを比較したうえで明らかにしたい。

中内功は一九二二年、大阪府に生まれた（表1－6）。やがて父が開業した薬局を手伝うようになったが、戦時期には過酷な戦場体験をする。そして、一九五七年にダイエー一号店を開店し、以後、ダイエーはスーパーとして顕著な発展を遂げ、流通革命の旗手として注目を集めた。

スーパーはアメリカ発祥の小売業態で、チェーンストア方式による多店舗展開と、セルフサービス方式をベースとした店舗運営のもと、大量販売を通じた低価格を実現しつつ、省力化による低コスト経営で利益を確保する点に特徴があった。日本では一九五〇年代後半から本格的な展開を迎えたが、ダイエーは食品だけでなく、衣食住の総合的な品揃えを擁する総合スーパーとして業界の発展をリードし、めざましい拡大を遂げた。

中内功

具体的に見ると、一九六〇年の時点でダイエーの店舗数は三店、三二億円の売上高であったが、一九七二年には店舗数が九〇店にまで増加、売上高は三〇五二億円へと大きく伸びている。一九七二年という年は、ダイエーが百貨店の三越を抜いて小売業売上高日本一を記録した記念すべき年であった。同年の小売業売上高ランキングを整理した表1－7には、小売業の主役

1922年	大阪府西成郡に生まれる
1926年	神戸市に移住、父がサカエ薬局開業
1941年	神戸高等商業学校を繰り上げ卒業
1942年	神戸商業大学の受験失敗 日本綿花に入社
1943年	入営、ソ連国境守備隊
1944年	フィリピンで過酷な戦場を生き抜く
1945年	復員後、神戸の実家で家業手伝う
1947年	神戸経済大学の第二課程（夜学）入学
1952年	結婚
1957年	ダイエー薬局の第1号店を大阪市に開店
1962年	初訪米、全米スーパーマーケット大会出席
1964年	花王石鹸、松下電器との紛争始まる
1967年	日本チェーンストア協会設立、会長へ
1969年	『わが安売り哲学』刊行
1972年	小売業売上高日本一へ
1975年	花王石鹸との紛争に終止符
1990年	経団連副会長に就任
1993年	勲一等瑞宝章受章
2005年	死去

表1-6　中内㓛の略年譜
（出所）石井（2017）巻末年表により作成。

が百貨店からスーパーへと移り変わった状況が反映されている。

中内㓛の経営理念は、一九六九年に刊行された『わが安売り哲学』という著書で語られている。その要点を示せば、次のようになる（中内二〇〇七）。

すなわち、「よい品をどんどん安く売る」ことを「ダイエー憲法」とすれば、ダイエー憲法は「消費者のための企業」をめざすことを意味する。「企業という企業が言葉の真の意味で消費者のために存在したとき」に実現されるのが、「消費者主権の社会」である。現状では、ほとんどの企業が

	社名	本部	販売額（億円）	店舗数	業態
1	ダイエー	大阪	3,052	90	スーパー
2	三越	東京	2,924	12	百貨店
3	大丸	大阪	2,131	6	百貨店
4	髙島屋	大阪	1,994	4	百貨店
5	西友ストアー	東京	1,668	96	スーパー
6	西武百貨店	東京	1,550	10	百貨店
6	ジャスコ・グループ	大阪	1,550	131	スーパー
8	松坂屋	名古屋	1,493	6	百貨店
9	ニチイ	大阪	1,442	156	スーパー
10	ユニー	名古屋	1,264	108	スーパー

表1-7　小売業売上高ランキング（1972年）
（出所）日経流通新聞編『ランキング流通革命』日本経済新聞社、1987年、24頁により作成。

「物の価格を決めるのに、コスト（費用）がいくらかかるから売価をいくらにする」という「コスト主義」の考え方をとっているが、消費者主権の社会は、「消費者が求めるバリュー（価値）を基礎」とする「バリュー主義」と呼ぶべき価格決定の原理に貫かれねばならない。「バリュー主義では、その商品に消費者が求める価値を基準にして売価が設定され、コストは無視される」のである。

そして、「バリューとは、裏返していえば、消費者のニーズ（要求）であ」り、「ニーズは、店頭で客と接する最前線の流通業者のみが、的確に迅速につかめる特権を持っている」から、生産者に代わって流通業者こそが「バリュー主義」を先導するにふさわしい。それに対して、流通系列化を進める松下電器には、「生産者と販売店だけが利潤を追求する姿勢しか」なく、「消費者への配慮はない」から、ダイエーをはじめとした流通業者こそが、コスト主義に染まったメーカーのあり方を変える対抗力として、価格決定権を握らねばならない。

中内はこのように強調し、消費者主権の社会を自ら切り拓いてゆく哲学として、安売り哲学を掲げたのであった。

松下幸之助の水道哲学

一方、松下幸之助は一八九四年、和歌山県に生まれた（表1－8）。

病弱の身であったが、一九〇四年に火鉢店へ奉公に出て以後、自転車店での奉公や大阪電灯での勤務を経て、一九一七年に独立、一八年に松下電気器具製作所を開いた。三五年には株式会社化を果たして社名を松下電器産業とするが、まもなく戦争の時代を迎えて軍需生産へとシフトしていく。

敗戦後、同社は財閥指定など各種の制限指定をうけ、松下幸之助自身も公職追放指定にあうなど苦しい時期を経験するが、一九五〇年頃から本格的な復興を遂げ、高度経済成長期には家庭電化を牽引して急拡大を遂げた。

松下電器の主要製品の発売年を列挙すれば、攪拌《かくはん》式洗濯機（一九五一年）、真空管式白黒テレビ（五二年）、一ドア式冷蔵庫（五三年）、噴流式洗濯機（五四年）、自動炊飯器（五六年）、

1894年	和歌山県海草郡に生まれる
1899年	父が米相場で散財、和歌山市に移住
1904年	小学校を4年で中途退学 単身大阪へ出て火鉢店に奉公
1905年	大阪市の自転車店に奉公
1910年	大阪電灯に内線係見習工として入社
1915年	結婚
1917年	大阪電灯退社、独立
1918年	大阪市に松下電気器具製作所を開設
1929年	松下電器製作所と改称
1932年	この年を「命知元年」とする
1935年	株式会社組織として松下電器産業へ
1946年	制限会社の指定、財閥家族の指定など
1949年	負債10億円、物品税の滞納王と報道
1951年	アメリカ視察
1957年	ナショナル店会、ナショナルショップ制度 全国に販売会社の設立を開始
1961年	松下電器産業の社長を退き会長に
1964年	通称「熱海会談」を開催 営業本部長代行として経営改革を断行
1965年	完全週休2日制を実施
1970年	二重価格問題で消費者団体による全製品ボイコット運動に発展
1973年	会長を退き相談役に
1979年	松下政経塾を設立
1987年	勲一等旭日桐花大綬章を受章
1989年	死去

表1-8　松下幸之助の略年譜

（出所）加護野編著（2016）巻末年表により作成。

トランジスタ白黒テレビ（六〇年）、真空管式カラーテレビ（六〇年）、二槽式洗濯機（六〇年）、二ドア式冷蔵庫（六二年）、家庭用VTR（六六年）、トランジスタカラーテレビ（六九年）というように、まさに高度経済成長期の家電の歴史そのものと言える（下谷一九九八）。松下電器の業績は表1－9が示す通り大きな伸びをみせ、家電メーカーのなかでトップシェアを誇った（表1

松下幸之助

−10)。
松下の経営理念は、水道哲学として知られる。着想に至ったのは一九三二年で、水道の水は加工されて価値があるのに、勝手に飲んでも咎められないことから、生産量があまりに豊富であればタダ同然になるのだと悟り、貴重な生活物資を水道の水のように無尽蔵にして、価格を安くして貧困をなくすことを自らの使命と定めた。松下はこの使命を悟った一九三二年を「命知元年」と名づけ、その五月五日を会社の「第一回創立記念日」としたのであった(米倉二〇一八)。

この発想のベースには、アメリカの自動車産業で成功を収めたヘンリー・フォードの影響がある。フォード社によるT型車(T型フォード)は、大量生産による度重なる値下げを実現し、乗用車の普及に多大な貢献をしたことで知られる。それは高能率と高賃金の循環という形で大量生産と大量消費のサイクルを繰り返すことを通じて、メーカー自らが商品の市場を生み出していくものであった。松下は、一九二〇年代にフォードの伝記を読み、その思想に触れていた(小松二〇〇六)。

研究史上、フォード社が実現した大量生産と大量消費の好循環のメカニズムは、フォーデ

	売上高		営業利益			従業員数
	金額	対前年	金額	対前年	対売上	
1956年	312	41.8%	39	44.4%	12.5%	12,448
1957年	432	38.5%	55	41.0%	12.7%	17,308
1958年	538	24.5%	59	7.3%	11.0%	19,105
1959年	791	47.0%	95	61.0%	12.0%	25,110
1960年	1,055	33.4%	117	23.2%	11.1%	28,441
1961年	1,360	28.9%	148	26.5%	10.9%	32,601
1962年	1,708	25.6%	177	19.6%	10.4%	35,692
1963年	2,027	18.7%	205	15.8%	10.1%	37,274
1964年	2,204	8.7%	215	4.9%	9.8%	39,541
1965年	2,034	−7.7%	166	−22.8%	8.2%	38,688
1966年	2,565	26.1%	266	60.2%	10.4%	41,681
1967年	3,473	35.4%	372	39.8%	10.7%	46,426
1968年	4,671	34.5%	500	34.4%	10.7%	51,034
1969年	6,045	29.4%	681	36.2%	11.3%	57,626
1970年	7,388	22.2%	742	9.0%	10.0%	62,566
1971年	7,489	1.4%	679	−8.5%	9.1%	63,314
1972年	8,543	14.1%	753	10.9%	8.8%	63,632
1973年	10,408	21.8%	741	−1.6%	7.1%	66,150

表1-9　松下電器産業の業績推移（単位：億円、人）
（出所）『たゆみなき創造Ⅳ』資料編、松下電器産業労働組合、1997年、138頁、『社史松下電器激動の十年』松下電器産業社史室、1978年、付表27頁により作成。
（注）決算期は各年11月。いずれも単独。

ィズムと呼ばれ、現代資本主義の特徴を説明する原理へと拡張されている。現代資本主義では、労働者がより豊かな生活水準を享受できるよう、大量生産の市場的基盤を大量消費というかたちで自ら作り出していくようになるというのが、そこでの理解である。高度経済成長期の機械工業化も、こうしたフォーディズム的循環の構造とともにあったと考えられている（武田二〇一九）。

このようにみてくれば、松下の水道哲学が、フォーディ

	電気冷蔵庫		電気洗濯機		電気釜		カラーテレビ	
	社名	シェア	社名	シェア	社名	シェア	社名	シェア
1	松下電器産業	31.6%	松下電器産業	21.6%	松下電器産業	35.2%	松下電器産業	21.2%
2	東京芝浦電気	22.0%	三洋電機	17.7%	東京芝浦電気	33.5%	東京芝浦電気	16.3%
3	日立製作所	20.8%	東京芝浦電気	17.1%	三洋電機	8.3%	日立製作所	13.6%
4	三洋電機	10.8%	日立製作所	16.5%	日立製作所	7.7%	ソニー	9.2%
5	三菱電機	6.4%	三菱電機	8.1%	三菱電機	4.3%	三洋電機	8.2%
6	シャープ	3.8%	シャープ	3.5%	シャープ	3.0%	三菱電機	8.0%
7	富士電機製造	2.5%	ブラザー工業	2.5%	—	—	シャープ	7.7%
	その他	2.1%	その他	13.0%	その他	8.0%	その他	15.8%
	計	100.0%	計	100.0%	計	100.0%	計	100.0%
	総生産量：1,258億円		総生産量：848億円		総生産量：95億円		総生産量：6,082億円	

表1-10　家電製品の品目別企業別シェア（1971年）
（出所）『日本マーケットシェア事典』1972年版、矢野経済研究所、1972年により作成。
（注）生産量は「機械統計年報」による。

ズム的循環を通じて消費者利益の実現をめざすものであったと理解できよう。問題となるのは、その方法である。

松下幸之助は「正価」という観念を重視した（橋本二〇〇一）。「莫大な景品」や「無謀なねびき」による「乱売」が「道理をはずれた商売」なのはもちろんのこと、薄利多売も「貧困な誤れる経済通念」だとして斥ける。コストに対して安すぎる価格では収益を得られず、納税の義務を果たせず、追加投資もできないのだから、結局は消費者の望むものを供給できなくなる、というのがその理由であった。望ましい価格とは、「厚利多売と高賃金」ならびに「適正利潤の確保」を実現しうる価格であって、それがすなわち正価だというわけである。

「販売面での厚利多売と工場での高能率・高賃銀が、車の両輪のように扶けあい力となつて、たえまない繁栄を築いているアメリカの事実を、わが国にも招来したい」というのが、松下が描く日本経済繁栄のビジョンなのであった（『ナショナルショップ』一九五一年一〇月）。

バリュー主義の行く末

すでに概観した通り、ダイエー・松下戦争は、松下側の敗北に終わった。決定打となったのは、消費者団体によるカラーテレビ買い控え運動の展開である。前掲表1－9で、一九七一年度に松下の業績が落ち込んでいることに、その影響の大きさが表れている。カラーテレビ買い控え運動の経過自体は、表1－11が示すようにかなり複雑であるため、ここで深く立ち入らない。

大枠だけ見ると、メーカーに対する強い圧力としては、消費者団体による運動をメディアが好意的に報じたことを前提に（原山二〇一二）、①物価問題が社会問題化するなかで再販行為に対する規制強化の流れができたこと、②消費者団体が公取委に再販行為の取り締まりなどを要望したこと、③公取委と全地婦連の連携を通じて、二重価格表示に関わる景表法（不当景品類及び不当表示防止法、一九六二年施行）の運用強化が図られたこと、④公取委が景表法の運用強化を根拠として業界団体や通産省を牽制したこと、という四つのポイントが重要であった。

このなかで、二重価格表示の問題は少し補足が必要であろう。

ここでの二重価格とは、定価表示と実売価格との価格差を意味し、その点を問題にするものであった。公取委は一九六九年五月に不当表示防止法第四条第二号の運用基準を定め、比較対象価格が架空とみなされる場合は不当表示にあたるとして、二重価格表示に関わる具体的な定義を発表した。同年一〇月に公取委はその運用基準がどこまで守られているかを調べるため、全地婦連に「二重価格表示の実情調査」を委託する。ここまでは、カラーテレビに特別な関心が払われていたわけではない。

しかし、この調査に際して調査員である「主婦の一人」が、二割引や三割引が常態化している家電製品の定価表示も実質的な「水増し価格」ではないかとの疑問をもった。そして実際に、調査を通じてカラーテレビの平均割引率が二八％に上っていたことが明らかになる（全国地域婦人団体連絡協議会一九八六）。公取委はこれを根拠に、定価表示を実売価格に近づけるよう強い指導に乗り出した。公取委は、景表法に基づく二重価格表示の問題と、独占禁止法違反である再販行為の問題という二つの方向から、カラーテレビ買い控え運動を後押しする役割を果たしたことになる。

そもそも一九四七年に制定された独占禁止法は、「一般消費者の利益を確保する」ことを

年	月	日	事項
1967	7	21	公取委、松下電器にヤミ再販の破棄を勧告
	8	3	松下電器、公取委による破棄勧告を拒否
	9	18	ヤミ再販の審判開始、松下電器は全面的に否認
	12		全地婦連、公取委の委託で価格表示の実態調査実施
1969	10		全地婦連、公取委の委託で二重価格表示の実情調査実施
1970	7		アメリカで日本製カラーテレビにダンピングの疑いありとの声強まる
	8	7	全地婦連、二重価格の実情調査発表、公取委委員長に要望書
		26	日本電子機械工業会、カラーテレビの価格モデルを公表、米国向け製品と国内向け製品との比較によりダンピングではないと主張
		28	アメリカで日本製カラーテレビにダンピング疑いありとし関税評価停止
	9	7	全地婦連、カラーテレビ一年間買い控え運動実施を決定
		11	消費者５団体、カラーテレビ買い控え運動を共同運動へ
		16	消費者５団体、電子機械工業会に定価引下げの要望書を提出
		21	全国電器小売商業組合連合会、メーカーに流通見直し要求を決議
		28	消費者５団体、公取委にヤミ再販取り締まりと引下げ指導を要望
	10	1	公取委、松下電器のヤミ再販を認定する審決案
		7	家電メーカー有力６社、二重価格解消に前向き姿勢を確認
		15	松下電器、公取委の審決案に異議申し立て 松下電器、現金正価を引き下げないと表明
		17	消費者５団体、ナショナル製品のボイコット決定
		19	公取委、強制調査権により大手 12 社に機種別の正価・リベート率・メーカー利益率・小売店との取引条件等を提示するよう指示 松下電器、新製品の定価引下げを発表
		20	通産省、有力７社に不当な二重価格解消の行政指導
		21	メーカー有力７社、今後の新機種から現金正価を引き下げると言明
		22	消費者５団体代表と松下電器との直接交渉も決裂
	11	6	通産省、消費者５団体の要望を入れた解決案をメーカー 12 社に提示 消費者５団体と松下電器との２度目の直接交渉も決裂
		11	全国消費者大会、買い控えと松下全製品ボイコットを決議
		12	公取委、価格調査の結果を発表し電子機械工業会などに警告
		25	ダイエー、PB による廉価カラーテレビ・ブブ発売
		27	公取委、実売価格から 15-20%開きのある現金正価は不当表示のおそれあり、現金正価の名称も不適当であるから用いないよう警告
	12	1	消費者５団体、公取委による警告の問題点を指摘
		4	米国政府、日本製白黒・カラーテレビをダンピングと認定
		15	電機労連、カラーテレビの二重価格解消を求める態度表明
		23	公取委、通産省の指導では二重価格表示改善に不十分と申し入れ
		28	電子機械工業会、消費者５団体と面会も物別れに終わる
1971	1	10	松下幸之助会長、反省の意と消費者運動を尊重する旨を発言
		11	通産省、松下電器に今後の新機種について価格引下げを指導
		14	公取委、家電製品の現金正価・二重価格表示に文書で警告
		16	松下電器、15.4%～ 20%価格下げた新製品を発売すると発表
	3	12	松下電器のヤミ再販事件について同意審決
		13	松下電器、公取委にヤミ再販の事実を認めて排除計画書を提出
	4	16	消費者５団体、買い控え運動の終結宣言を発表

表１-11　カラーテレビ買い控え運動の推移

（出所）『全地婦連30年のあゆみ』全国地域婦人団体連絡協議会、1986年、95-105頁および「家電製品二重価格表示問題の流れを追って」『公正取引情報』349号、1971年2月をベースに、一部新聞記事などで補った。
（注）「消費者五団体」は、全地婦連、日本婦人有権者同盟、消費者の会、日本生活協同組合連合会、主婦連合会。

目的に掲げ（第一条）、敗戦後の占領下でGHQ／SCAPによる経済民主化政策の一環として、アメリカ型の反独占政策を徹底したかたちで法制化された由来をもつ。そこには、自由で競争的な企業のあり方こそ民主主義的だとする理念があった。たとえば主婦連が「消費者の利益を守る番人である独禁法」という表現で受けとめたように（『主婦連たより』一九五三年二月）、独占禁止法やその運用機関である公取委は、独占の弊害から「消費者の利益を守る」ことが期待され、ダイエー・松下戦争の一件ではその期待に応えたのであった。

最終的に松下幸之助が公取委の勧告を受諾するにあたり、松下電器の労働組合が消費者団体との仲介に乗り出して条件交渉にあたったことが知られている（岩田二〇〇六）。労働組合の代表がその条件を伝えた際、松下は目を真っ赤にしながら、次のように語ったという（『高畑敬一オーラルヒストリー』二〇〇四年）。

もうね、三日ほどわしは悔しくて眠れないんだ。わしが考えて考え抜いた商売のやり方がけしからんというて、しかも縁もゆかりもない松下電器と取引もないおばさんたちが土足で会社に上がり込んできて、わしが長年やってきた商売のやり方を変えろと言うんだ。非法治国家やないか。法治国家ではそんなことを許されてええのかと、わしは腹立ってしょうがないしかし、「長年やってきた商売のやり方を変えろと言う」のは、「おばさんたち」ではなく消費者であり、独占禁止法制に立脚した戦後日本という「法治国家」なのであった。水道哲学の説くフォーディズム的循環が独占価格正当化論につながるならば、消費者の利益に反する。それが、「消費者の利益を守る番人である独禁法」の理念なのである。

ここで想起されるべきは、消費者主権の理念である。「われわれが小説本を買うのは、それを読んでおもしろいと思うからで、それによって著者が巨額の印税を獲後《ママ》〔獲得〕してぜいたくができるようにと願って本を買っているのではない」という先に見た一節が思い起こされよう（『生産性講座』第五巻、ダイヤモンド社、一九五七年）。

フォーディズム的循環はめぐりめぐって消費者の利益につながるかもしれないが、しかし、いま、メーカーやその労働者、あるいは販売店に潤ってもらうために、消費者が不当に高いカラーテレビを買わされるのはおかしい。消費者主権の理念には、このような意味が込められていた。

他方、現在の目から見れば、中内㓛の安売り哲学が掲げるバリュー主義の危うさにも留意が必要であろう。バリュー主義ではコストが無視されるというとき、そのコストにはたとえば労働者の賃金も含まれる。流通革命の実現に邁進《まいしん》する中内は、ダイエーの従業員にも献身的な働きを求めたことで知られる。その一方で、生産性の向上を通じたパイの拡大と、その成果配分に取り組む労働組合の役割には理解があった。実際に、一九七〇年代までの賃上げ・一時金の推移からみる限り、ダイエーの労働組合は、労働者の待遇改善に成果をあげていた（本田二〇一七）。

バリュー主義の行く末には、消費者利益の追求が労働者の利益を掘り崩す隘路《あいろ》が見える。しかし、そうした事態は、少なくとも高度経済成長期には全面化しなかった。生産性上昇と完全雇用の両立を可能にするほどの高成長を基礎に、労働組合が労働者固有の利益を守ることができたからである。

以上、本章では、消費者主権の理念が、高度経済成長期に立ちあがるプロセスを見た。消費革命と呼ばれた消費生活の質的変化は、消費者としての利益、権利、責任をさまざまなかたちで問う歴史の始まりでもあった。

しかし、その後、高度経済成長の終焉《しゅうえん》により、消費者という言葉自体に違和感をもつ人びとが増えていく。章を改めて、石油ショック以降の歴史を見よう。

第2章　オルタナティブの模索と生活者
――一九七〇年代半ば～八〇年代半ば

一九七三年の石油危機は、高度経済成長に終わりを告げた。ただ、それ以前の一九七〇年代に入る頃から、経済成長を問い直す見方はすでに広がり始めていた。

たとえば、一九七〇年には『朝日新聞』が「くたばれＧＮＰ」と題する特集を組んで話題となり、公害問題の深刻さや福祉の立ち遅れを強調するなど、成長至上主義への反省を促した。あるいは、七二年に発表されたローマクラブ『成長の限界』は、資源と地球の有限性に警鐘を鳴らして注目を集めた。さらに、イギリス経済学者Ｅ・Ｆ・シューマッハーによる七三年刊行の『スモール イズ ビューティフル』は、科学万能主義への疑問を提示し、エネルギー危機を予言した書として広く読まれた。

石油危機後の日本経済は、一九七〇年代末からの二度目の石油危機も乗り切り、安定成長のもとで経済大国としての地位を確立していくが、環境や資源に対する関心の高まりは、大量生産に基づく大量消費を望ましいとする前提自体を、過去のものとした。そうした脈絡のなかで、消費者という言葉自体に違和感を感じる人びとも増えていった。

以下、本章では、まず石油危機後の日本経済を概観し、生活の質をめぐる関心が高まっていく時代状況を確認する。

そして、消費者の立場を鋭く問い直す狙いをもった運動として、生活クラブ生協の取り組みと、有機農業運動の展開に注目し、それぞれ詳しく見ていく。

最後に、企業人として生活の質をめぐる問いを最も深く受けとめた一人であろう堤清二を取り上げ、彼が説いたマージナル産業論とセゾングループの事業展開との関係について、本書なりの見通しを示したい。

本章を通じて明らかになるのは、消費者という言葉への違和感が、生活者という言葉への置き換えに向かった歴史的な意味である。

1　石油危機後の日本経済と生活の質

石油ショックから安定成長へ

日本経済は一九七〇年代前半に二つのショックに見舞われた。

一つ目はドル・ショック（ニクソン・ショック）と呼ばれ、一九七一年に米国ニクソン大統領がドルと金の交換停止を発表したことを指す。七三年からは変動相場制に移行し、日本経済は為替上昇圧力に直面していった。

二つ目が一九七三年の石油ショックである。第四次中東戦争を契機とする原油の供給逼迫《ひっぱく》は、石油価格の上昇をもたらし、物価を押し上げる要因となった。それが賃金の上昇につながり、さらなる物価上昇をもたらしていく。

こうした国際的条件のもとで、世界の主要国は、経済が停滞するなか物価だけが上昇するスタグフレーションを経験し、経済成長率の低下と、物価ならびに失業率の上昇に悩まされていった（橋本ほか二〇一九）。

日本では、石油ショックに先立って、一九七二年に成立した第一次田中角栄内閣が、いわゆる日本列島改造論に基づく拡張的財政政策をとったことから、石油危機直後の物価高騰は狂乱物価と呼ばれるほど激しいものとなった。

しかし、日本の経済成長率は、一九七四年に戦後初のマイナスを記録したものの、その後は一九八〇年代まで五％前後で推移し、国際比較でも速やかにスタグフレーションからの脱却を果たして安定成長を実現した。一九七九年からの第二次石油危機に際しても、日本経済は高い対応力で乗り切ることに成功している。これは、企業内部の余裕資源を減らし、省エネ対策を進めた減量経営の成果でもあった。

安定成長期の日本経済は、輸出主導型の成長パターンをとった。製造業を中心とした民間設備投資が低迷し、高度経済成長期のような「投資が投資を呼ぶ」メカニズムは働かなくなったのである。代わって輸出が景気回復を主導したが、急速な輸出拡大は、相手国との貿易摩擦を深刻化させた（武田二〇一九）。

一九七五年には世界的な景気後退のなかで、第一回のサミット（先進国首脳会議）が開かれ、以後、世界経済の運営について協議する場として定着する。七七年の第三回ロンドン・サミットでは、アメリカ、ドイツとともに、日本も世界経済の牽引車になるべきだという経済機関車論が提起され、日本が経済大国としての国際的役割を果たすことが期待された。日本政府はこれに応えるべく、積極的・拡張主義的な予算編成を進めるが、税収不足が深刻化するなかでは、公債依存度の急激な上昇が不可避となった。

消費水準の向上と中流意識の定着

図2－1は、一九六四年から八四年までの家計消費支出の推移を示したグラフである（「家計調査」二人以上世帯〔非農林漁家〕・年平均一ヶ月、実質消費支出額は一九八〇年の消費者

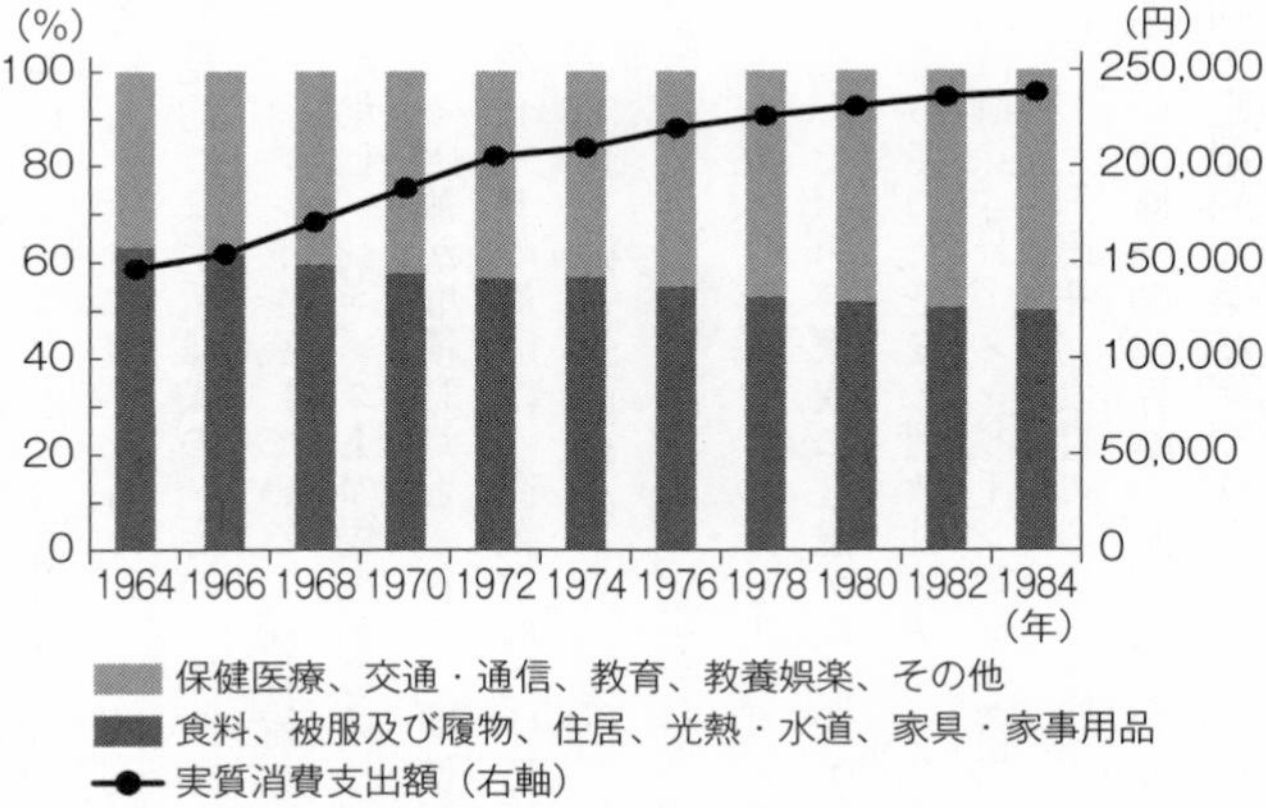

図２-１　家計消費支出の推移（1964-84年）

物価基準）。実質消費支出額は、石油ショックを経て伸びが鈍化していたとわかる。ただし、緩やかな増加傾向が続いたことは注目されよう。支出構成の変化からは、衣食住分野での一定の充足を背景として、モノからサービスへと消費の主軸が移っていく流れを見てとれる。

こうした消費の充足状況は、いわゆる中流意識の定着につながったと見られる。内閣府の「国民生活に関する世論調査」によれば、生活程度を「中」と答えた者の割合が、一九六五年の八六・五％から七三年に九〇・二％へと増加した。

一九七七年の『朝日新聞』夕刊紙上では、この調査結果の解釈をめぐって、いわゆる新中間階層論争が起こった。議論全体を総括した見田宗介《むねすけ》（１９３７～２０２２）は、「一定の生活水準というものを前提にして、極貧でもないし、十分に豊かでもない「中間的」な大多数の幅広い層が日本に存在している。それが外見的には生活様式の一定の一様性をもっていること」については論者の間で合意があった、とのコメントを残している（『朝日新聞』一九七七年八月二四日付夕刊）。

ただし、ジェンダーの観点から見れば、石油危機後の安定成長期には、近代家族をめぐる矛盾や困難が堆積したとされる。減量経営、能力主義、長時間労働、転勤・単身赴任など、企業サイドの対応は、従業員に対する雇用保障と引き換えに、ケアを免れた男性労働者でないと困難な働き方に傾斜した。そのしわ寄せが家族に向けられた結果、「子どもたちの反乱」「妻たちの反乱」といったかたちで、家族関係をめぐる齟齬《そご》や不和につながった。それでも一九八〇年代までの家族と企業社会が「一種の均衡状態を保って」いたのは、雇用保障のもとで、その家族にも豊かな消費生活の保障が見通されたからであった（木本二〇〇四）。

しかし、たとえ女性が主婦という生き方に疑問を感じても、そもそも大企業の長期雇用からは排除され、メンバーシップの資格を与えられない状況は続いた。結婚・妊娠・出産を理由とした退職や、女性のみ若年で定年とする慣行・制度も深く根を下ろし（大森二〇二一）、あるいは性別職務分離のかたちで、女性にはお茶くみや掃除といった「職場の家事」、補助的・定型的な業務、やりがいのない仕事などが割り当てられた（熊沢二〇〇〇）。

中流意識の定着は、企業社会のジェンダー不平等のもとで成り立っていたのである。

社会的緊張に対する深い危機意識

他方、一九七〇年代の財界は、社会的緊張に対する深い危機意識を抱いた。

たとえば、経済同友会は一九七二年に、「七〇年代の社会緊張の問題点とその対策試案」をとりまとめて発表した。「〝GNP至上主義〟からの脱却が求められ、国民福祉の向上が叫ばれ、コミュニティの論理が模索されている今日は、機械的物質文明の中における人間復権の時代の門口にある」がゆえに、「社会的変化の内容を人間的側面を中心に考察し、将来の望ましい社会への対応策を長期展望から検討すべき時」だとする。

この文書で注目されるのは、日本でもアメリカと同様にコンシューマリズムが高揚しているとして、消費者運動の展開に重大な関心が払われた点である。具体的には、一九六〇年代後半から「欠陥商品、二重価格などに対する不満、大気汚染、水質汚濁などが人間の生命や健康を損っているという危機感」から「市民運動」が発生し、そこに「国民一般の価値観・意識の変化や、大企業に対する反発、いわばビッグなるが故に悪とする感情的反発がからみあっている」という。

経済同友会は、消費者運動の展開を公害反対運動などと同様に、人びとの企業観に関わる深いレベルの社会的緊張として受けとめていたのである。

あるいは、同じく経済同友会が翌七三年に発表した「社会と企業の相互信頼の確立を求めて」でも、「企業外にあっては、公害・環境破壊の深刻化、コンシューマリズムの昂揚、新しい型のインフレの進行、企業内にあっては、従業員の意識変化に伴う職場への帰属意識の希薄化などの問題が生じている」として、このまま企業が「目先の効率追求に走る」ならば、「企業の拠って立つ自由企業体制を自ら危殆におとし入れることになりかねない」と強い危機感を露わにしている。

さらに、日本経済調査協議会が一九七五年にまとめた「住民運動と消費者運動」という報告書も、同様の危機意識に貫かれていた。日本経済調査協議会は、一九六二年に経済団体連合会（経団連）、日本商工会議所、経済同友会、日本貿易会の財界四団体の協賛を得て設立された調査研究機関で、この報告書も財界の認識を示すものと見てよい。

報告書はまず、「環境問題にその典型的な例をみる住民運動や、消費者主権の復権を目指す消費者運動」のような「大衆運動」は、他の先進国と同様に「経済社会運営に対してかなりの影響を与えるに至っている」と記す。

そのうえで、「住民運動や消費者運動の一部には自己の利益を確保しようとする余り、社会全体の調和的利益と秩序を損ね、今後の日本の経済の発展力や経済社会運営に支障となるのではないかとの懸念を懐かせるケース」もあるから、政府や企業は運動を選別しつつ、関係者の「参加」や「対話」を通じた「事前的対応」と、「社会全体の調和的利益」への包摂に努めるべきだという。

社会運動史研究のなかで、この「住民運動と消費者運動」という報告書は、財界による「まき返し」を宣言したものとして知られ、一九七〇年代後半から運動が「冬の時代」へ向かったこととの関係が注目されている（道場二〇一六）。

そこで次に、戦後日本の社会運動史を概観しつつ、財界の深い危機意識の背後にある問題について、もう少し解きほぐしておきたい。

高畠通敏の整理

戦後日本の社会運動史は、政治学者・高畠通敏《たかばたけみちとし》（1933～2004）が一九七七年に発表した論文「大衆運動の多様化と変質」（『年報政治学』所収）をベースに、「戦後革新勢力」と「市民運動」「住民運動」との関連と対抗関係を問う視角から、以下のように整理できる（道場二〇一五）。

すなわち、一九五〇年代は革新国民運動の時代で、社会党－総評ブロックを中心とした労働組合による運動と国会での闘争を特徴とした。それに対して、一九六〇～七〇年代は市民運動・住民運動の時代で、開発や経済成長への疑問、戦争や開発問題での加害者性の認識、平和と民主主義のラディカルな掘り下げなど、基本的な政治的価値は革新と多くを共有し、ニューレフト（新左翼）とも問題関心を共有していたが、固有の運動論や組織論を模索するなかで、しだいに革新を相対化していったとまとめられる。

このように戦後日本の社会運動史は、大枠では革新国民運動の分解と相対化の歴史として理解できるが、相対化の先に行き着いた方向の一つは、近代的な諸価値への根源的な疑問につながっていた。その意味を最もうまく説明してきたのも、高畠通敏である。

彼はまず、住民運動を「理念やイデオロギーの側から了解することはできない」とする（高畠一九七六）。住民運動は、「〈生活価値〉を他のすべての諸価値に優先させてゆくという原則」に貫かれており、〈生活価値〉とは「人間の営みのすべてを、その最終の帰結がもつ人間的な意味から問い直すときの価値」を意味する。

それに対して、富国強兵をめざしてから経済大国化を果たすまでの近現代日本の底流には、「生産至上主義の価値観」があった。そこでは国家と企業が生産至上主義の価値観を共有しており、企業別組合のもとにある労働組合も、そうした労働組合に基礎を置く革新政党も、生産至上主義に連なる科学性や計画性や合理性といった「近代主義」を共有してきた。

したがって、たとえば住民運動が公害反対運動に乗り出そうとすれば、「〈近代主義〉的イデオロギーとしての社会主義観に強い異和感を示す」ことにもつながり、「「海を元通りにしろ」「人間を返せ」という漁師や公害病患者の叫び」が、「補償金——財貨で片がつくという思想を拒否」することになるし、「「ふる里を守る」「もうゆく場所がない」という村民や居住者の感覚」が、「移転先を示したり許容限度を計算したりする革新地方政府のゴミ工場や貨物線の〈合理的〉な計画にも抵抗する」ことになる。

高畠はこのように住民運動を捉え、生活価値からの生産至上主義の問い直しが、近代的な諸価値への根源的な疑問に連なっていったことに注意を促したのである。

この点に関わって、高畠は前出の「大衆運動の多様化と変質」で、住民運動が新しい権利として主張する「海浜の用益権（入浜権）、日照権、環境権、静穏権などさまざまな生活上の権利」は、「基本的人権に属するものとしての私権の主張」なのだと説いている。それは「資本主義的な意味での私権の論理ではなく」、「所得や便益よりも生活の質を重視する方向へ」向かう思想であった、という見立てである。

以上のように見てくれれば、財界が深い危機意識を抱いた背景も理解できよう。一九七〇年代の社会的緊張は、東西冷戦下のイデオロギーの問題という次元を超えて、生活価値に立脚した人間的意味から開発や成長を疑い、近代それ自体を総体として問い直す深さを持っていたのである。しかも、そこでの私権の主張が、戦後の日本国憲法が保障する基本的人権に根ざすものであったとするならば、生活の質をめぐる問いは、いっそう深く生産至上主義を撃ち抜く可能性を持ったことになる。

食品公害のインパクト

ただ、消費者運動の歴史は、必ずしも高畠が示す枠組みで説明しきれるものではない。このことは、たとえば前章で見た日本消費者協会をどう位置づけるかという問いを立ててみれば、ただちに了解されよう。

しかし、一九六〇年代末から七〇年代にかけては、消費者運動が公害反対運動などと連携する動きも目立ち、環境や資源の問題に対する関心も深まった。一九六九年から活動を始めた日本消費者連盟が、「矢文」と称する告発文によりセンセーショナルに問題を訴える手法で注目を集めたことも、社会的緊張の一つの表れとみなされた。

あるいは、以下のように、食の安全性をめぐる問題も、食品公害という言葉を媒介として、公害に連なる社会問題として認識された。

すなわち、加工食品が急増するなかで、保存料、殺菌料、酸化防止剤、着色料、着香料といった食品添加物は広く使われ、原材料や農産物の生産過程にも、農薬、化学肥料、飼料添加物、抗生物質などが用いられた。

いずれも消費者にとっては、未知の化学物質を口にすることが当たり前になった現実を意味する。食品汚染物質の発がん性、内臓の異常などの毒性、薬による副作用などが社会問題となった。人工甘味料のチクロが一九六九年に、豆腐用殺菌剤AF2が一九七四年に、それぞれ使用禁止となる過程では、消費者運動が重要な役割を果たした（国民生活センター編一九九七）。

何を食べたらいいの
〝いまに一億全滅〟
食品公害で主婦討論会　水俣病患者ら訴え
食品公害を訴え銀座をデモする主婦たち

読売新聞1972年6月7日の紙面　銀座をデモする主婦の写真が載っている

食品公害という言葉は、一九六〇年代末から使われだしたもので、『朝日新聞』では一九六九年に特集「食品公害を考える」を組んだ。全三五回に及ぶ大型企画である。『読売新聞』も一九七二年に「何を食べたらいいの！　食品公害時代」と題する大型特集を組み、全五〇回にわたって記事を掲載した。第一回目の記事には、「マグロに水銀、米にカドミウム、牛乳にBHC、ハマチにPCB、添加物には発ガン物質、慢性毒性……。これでは食べることの楽しさばかりでなく、生きることを奪われているといっても過言ではない」と書かれ（『読売新聞』一九七二年一〇月二日付）、「何を食べたらいいの！」という消費者の叫びが伝わってくる。

食品公害という言葉には、水俣病、イタイイタイ病、森永ヒ素ミルク中毒事件、カネミ油症事件などとの共通性に注目する意味が込められている。その共通点は、化学物質に汚染された食品の摂取というかたちで、企業の行為が不特定多数の人びとの健康や権利を侵害しているというものであった。ただし、一九六七年に制定された公害対策基本法による公害の法的定義に、森永ヒ素ミルク中毒事件やカネミ油症事件は当てはまらなかった。そのことが、被害者救済に大きな問題を残した事実は、忘れてはならない（宇田二〇一五）。

また、有吉佐和子（1931～84）の著作『複合汚染』も、社会的なインパクトが大きかった。『複合汚染』は、もともと『朝日新聞』朝刊の連載小説として一九七四年から七五年にかけて書かれたもので、七五年に新潮社から単行本として刊行された。農薬と化学肥料による土壌と農産品への影響、合成洗剤による水質汚染、保存料・着色料といった食品添加物の危険性など、生活に関わる化学物質の危険性を指摘し、大きな反響を呼んだ。

生物学者レイチェル・カーソンが、農薬などの化学物質への警鐘を鳴らした『沈黙の春』は、一九七四年に手に取りやすい文庫として刊行されたが、『複合汚染』は、同じことが日本でも起こっているという衝撃のもとに受けとめられたのであった。

以上のように、食の安全性をめぐる問題は、科学技術文明がもたらす根源的な不安に連なっており、その意味で、高畠が説く住民運動の論理と共通する側面を持っていた。しかし、消費者運動の場合には、人間的意味から生活の質を問おうとすれば、便利で快適な暮らしを求める消費者としての立場自体を問い直す必要にぶつかる。次に見る生活者という言葉の広がりには、こうした歴史的文脈があった。

消費者から生活者へ

消費者から生活者へという言葉の変化に関わって、ここでは二つの新聞記事を紹介しながら、その意味を整理しておきたい。

一つ目は、「質的変化とげる消費者運動」という『朝日新聞』一九七三年五月一日付の記事である。

この記事では、主婦連による一九七三年の運動テーマが「浪費への挑戦」であることや、全地婦連が「むだをはぶいて緑を生み出そう」という植樹キャンペーンに乗り出したことを紹介し、いずれも「これまでの物価値上げ反対や欠陥商品の告発とはかなり趣を異にしており、「環境・資源節約型あるいはエコロジー型の運動へ、と重点が移ってきている」と整理する。そして、そうした変化は「モノ離れ」現象に通じる価値観の転換を背景とし、「モノ中心的な生き方から、価値ある生活者でありたい、と欲求の内容が変った」とする。

記事はさらに、「家計を守るといった経済的目標から、人間らしい生活の追求という、より根本的な目標へと移行した」として、「これから環境や資源問題とさらに深く取組んでいくと、やがて、文明に対する挑戦者としての運動にまで高まる可能性がある」と説く。タイトルにある消費者運動の「質的変化」とは、「大量生産――大量廃棄を主軸とした現代文明を告発するとともに、新しい文明の創造へ寄与する」という「人間復権のための消費者運動」に向かう方向なのだという。

この記事からは、生活者という言葉に込められた意味を、次のように確認できよう。すなわち、環境や資源への自覚は、大量生産という資本主義のあり方に反省を迫るが、それは「モノ中心的な生き方」や「家計を守るといった経済的目標」に沿う従来の消費行動を、消費者自身が見直す必要性につながる。消費者の社会的責任を問うかたちで、消費者の立場自体を問い直すことに向かっていかざるを得ないのである。

そして、消費者の立場を厳しく問い直そうとすれば、環境や資源に対して加害性をもつことが自覚され、資本主義の枠内で生産者と向き合う消費者という言葉自体に、強い違和感が生じる。人間的意味から生活の質を深く問えば、資本の論理を相対化して消費者としての加害責任を乗り越えねばならないからである。人間らしい生活の追求に価値を置く生活者への転換は、消費者の社会的責任という観点から出てくる捉え方だったのである。

二つ目に紹介するのは、「消費者から「生活者」へ」という『読売新聞』一九七九年一月四日付の記事である。

この記事では、石油ショック以降に見られた人びとの暮らしの変化を、「人目を気にしながら一つでもモノを増やそうと背伸びしていた暮らしから、モノを減らしてでも、自分なりの個性的な生活設計へ」という「量から質への流れ」として捉える。そしてこの変化を、「商品の買い手としての消費者からモノを使いこなす生活者への転換と呼ぶこともできる」とまとめる。

続けて、こうした「消費者から「生活者」へ」という転換のなかで、「一番目につくのは〝人なみに〟から〝自分なりの〟への切りかえ」だと再び強調し、「だれもが同じような服を着て、量産食品を食べ、車に乗るのではつまらない」から、「モノ離れ、個性化、手づくり志向など生活者の特性とされるものの多くは、そこから生まれた」のだとする。

この記事からうかがえる生活者という言葉のニュアンスには、商品の買い手としての立場を相対化する点では先の記事に通じる部分がある一方で、消費者の加害性を厳しく問い直す意味合いは感じられない。生活様式の個性化に向かう消費は、むしろ積極的に肯定される。この文脈での力点は、大量生産・大量消費を前提として画一的な消費に向かうことを否定する点にある。

消費の個性化に向かう生活者像は、山崎正和『柔らかい個人主義の誕生』(一九八四年)の見通しに通じると言えよう。同書は、消費行動のなかで人間的な能動性を発揮する人びとが、消費を通じた自己表現のかたちで社交を楽しむようになると説いた。実際に、一九八〇年代半ばにかけての時代は、マーケターによる差別化戦略、記号的消費への対応、企業・行政による生活文化戦略などを通じて、消費の個性化に向かう欲求は満たされていく(天野一九九六)。

序章で見たように、消費者という言葉は、一九七〇年代前半をピークに、必ずしも社会的な関心を集めなくなった。ここまで確認した通り、①消費行動に伴う社会的責任を厳しく問う生活者と、②消費の個性化という新しい欲求に向かう生活者、この力点の異なる二つの生活者像が、ともに高度経済成長期に固有の意味を帯びて定着した消費者のあり方を過去のものとしたのである。

2 生活クラブの消費材

創始者・岩根邦雄

生活クラブの運動は、一九六五年に東京・世田谷で牛乳の共同購入として始まった(佐藤編著一九八八)。六八年には、生協の組織を取り入れて生活クラブ生協となる。生協というのは協同組合の一種で、利用者が出資金を出し合って組合員となり、協同で運営・利用する組織を指す。その後、生活クラブは任意団体から法人化する際に、生協の組織を選択したのである。

一九七二年には、最初のオリジナル品である信州みそを開発、さらに、山形県遊佐町農協との米の提携生産、平田牧場との無添加ポークウィンナー開発などにも取り組んだ。七七年からは代理人運動として、生活者の政治参加を代理する地方議会議員をうみだす運動が始まり、八八年以降の生活者ネットワークという地域政党結成へとつながっていった。

生活クラブの創始者は、岩根邦雄である(表2-1)。

岩根は一九三二年に生まれ、五八年に写真学校へ入学した。六〇年の安保闘争に際しては、カメラを持ってデモに参加したが、負傷者が出る様子や樺美智子(1937~60)の死に衝撃を受け、撮影よりも社会変革に加わるべきだと決断、日本社会党に入党する。六三年には、社会党から世田谷区議選に立候補するも惨敗に終わり、「運動としては、日常からもっと地域の人たちの間に、有機的に浸透してゆかなければ」との思いを強くした(岩根一九七九)。

一九六五年に生活クラブを創設した理由も政治にあり、岩根は自ら「私のモチーフは日本社会党批判、社会党へのアンチテーゼに根ざしていた」と語っている(岩根二〇一二)。「行政に対抗できるだけの政策能力・活動能力」をもつ「草の根の市民の能動的な組織を作りたい」というのが、その趣旨であった。東京・世田谷では、「大部分の夫たちは、会社勤めで家にはねぐらとして帰るだけの生活」なので、恒常的な運動としては「地域に生活する主婦を主体とする組織」とする必要がある。地域の場で主婦を組織化し、自身や仲間の政治運動に取り組むエネルギーに結びつけようとしたのが、生活クラブなのであった。

こうした社会党へのアンチテーゼとしての草の根の市民運動という性格づけは、先に見た革新国民運動の分解と相対化という、高畠通敏による整理によく当てはまると言えよう。

起点としての牛乳

もともと岩根邦雄が牛乳に注目したのは、主婦の組織化のために日常的で継続性のあるつながりを作るうえで、毎日の牛乳配達が好都合だったからである。

一般に、当時の牛乳は、乳業メーカーが牛乳専売店と特約を結び、その宅配店から各家庭へ個別配達されるという形式が主流であった。スーパーで紙パックの牛乳を買うのが当たり前になるのは、一九七〇年代以降である。高度経済成長期は牛乳飲用が一般化する時期にあたり、パンと牛乳という朝食のスタイルが、清新なイメージをもつ生活様式として「団地族」から広まりつつあった。乳業メーカー各社は、子どもの栄養や健康のためという広告訴求を展開したから、牛乳は近代家族の主婦にとって関心の高い格好のアイテムだったといえ

1932年	京都市内で生まれる
1945年	京都市立第一工業学校電気科に入学
1951年	上京、雑貨問屋の営業マンとして入学資金準備
1957年	志津子（旧姓・久間）と結婚
1958年	東京フォトスクール入学
1960年	安保闘争を記録すべくカメラ持ちデモ参加 社会党に入党
1963年	世田谷区議選に社会党から立候補も惨敗
1965年	生活クラブ創設、牛乳の共同購入に取り組む
1967年	岩根志津子が世田谷区議選でトップ当選
1968年	生活クラブ生協の創立
1969年	生活クラブ生協、日本生協連に加入
1971年	みどり生協（現・生活クラブ生協神奈川）設立 生活クラブ生協練馬支部結成 山形県遊佐町農協との出会い、ササニシキ産直購入
1972年	山形県平田牧場との出会い 生活クラブコープ第１号「信州みそ」開発
1974年	生活クラブ埼玉設立
1975年	平田牧場の豚肉取り組みの全体化
1976年	生活クラブ千葉、生活クラブ長野の設立
1977年	代理人運動の開始 社会党を離党
1978年	生活クラブ生協連合本部の発足
1979年	千葉に牛乳工場建設、生活クラブ牛乳の供給開始
1981年	生活クラブの現場運営から離れる

表２-１　岩根邦雄と生活クラブの略年譜
（出所）岩根（2012）により作成。

る（尾崎二〇一七）。

生活クラブによる牛乳の共同購入は、当時一本一五円と市価より三円安かったため、一ヵ月に二〇〇世帯ほどの申し込みがあった。しかしまもなく、既存の牛乳宅配店から妨害やいやがらせを受けて共同購入をやめる主婦が続出した。生活クラブの牛乳が安いのは「脱脂粉乳が入っている」からだとか、「まずくてくさりやすい」だとかを吹き込んで回るという妨害であった。

ところがそう言われると、

生活クラブの側には、その言いがかりに真っ向から反対するだけの知識がない。そこで「牛乳というものの本質」を勉強する必要が生じ、品質の良し悪しや流通のしくみを学んで、「自分たちがマスコミの広告などのなかで知っている牛乳のブランドが一流であるかのような潜在意識にとらえられ、そういうことに対して無批判な生活を主婦も含めた一般の人たちは強いられている」との気づきを得ていく(生活クラブ生活協同組合編一九七八)。

これが次に見るような消費「材」の追求という、生活クラブの基本理念へと発展する。

消費材とは何か

生活クラブでは、消費財という言葉の代わりに、「材」の字を当てた消費材という独特の用語を使う。その意図について、岩根邦雄はこのように述べている(『社会運動』一九八〇年三月)。

消費材というのは、われわれは商品という言葉を嫌ってそう言っているのですが、それは資本主義的な概念を意識的に否定したいということで生活クラブは使っているわけです。その消費材のあり方は、われわれの論理でつくり出していくべきであり、そのことを実現していくために生産者や中小のメーカーと手を結ぶ。

ここには、消費する材としての本質を見極め、商品性を否定するかたちで、資本主義のオルタナティブを模索する意図が語られている。

そうした現状批判は、既存の生協にも向けられた。生活クラブは一九六九年から日本生協連に加盟し、そのオリジナル商品であるコープ商品を仕入れていた。しかし、既成の店舗生協では、有名ナショナルブランドの商品も並べられ、スーパーのように売れ筋や品揃えが重視されていた。生活クラブはそうした既成生協に飽き足らないものを感じ、より強く商品性を否定する点に特徴があった。

そのうえで、一次産業や中小メーカーとの連携による消費材開発には、独占資本主義への挑戦という意味づけがなされていた。なかでも食品については、食べものの本質を見極め、素性をたしかめて納得できる消費材を求めるかたちで、その要望に応える生産者と提携する方針が貫かれた。その際に重視されたのは、価格のなかに生産者の生活のコストを織り込むことだった。岩根の言葉を引いてみよう（岩根二〇一二）。

市場価格は何によって決められるのかというと、それはまさに市場の需給関係によってでしかないわけです。生産者の生活のコストは織り込まれない、関係ないものとされています。それに対して、生活クラブは生産者のコストで価格を考えています。だから高くなるわけです。食品の生産は人間の労働力、人力が基本です。生産者の生活が維持できなければ、生産が続きません。食品生産、農漁業は典型的にそういう産業です。労働力が基本という産業は、日本の社会のなかでは効率の悪いものとして片付けられてしまいます。戦後ずっとそうされてきました。もちろんその対極には、自動車に代表される大工業の機械的生産があります。／食品は自然との関係で生じるものであって、人間が生み出すものではないわけです。人間ができることは、その自然の仕組みを学んで、悪い生産条件を少しはいい方向へ変更するということに限られます。それが農業技術であって、あるのは太陽であり、土と水であり、それらの力を借りるしかない。そうした条件が根本である以上、生産性にはおのずから限度があるわけです。

これが消費者主権の理念と異質な発想なのは、ここまでの本書の内容から明らかであろう。岩根の関心は、消費者エゴを乗り越えることに向けられた（岩根一九七九）。消費者が「いいものを安く欲しい」と言うとき、その基準は曖昧で「消費者エゴがむき出しになっているにすぎない」。消費者が無知のままにエゴの範囲にとどまるのではなく、「人類全体にとって問題はどうあるべきなのか、人間の英知といえるものによって、もっと新しいやり方を求めていくことこそ、われわれは真剣に考えるべき」なのだというのである。これが生活者の発想であった（天野一九九六）。

班別予約共同購入という方法

生活クラブ生協は、班別予約共同購入という方法をとる（佐藤編著一九八八）。

具体的には、組合員が地域ごとに班を形成し、購入に関わる一切の作業を班員間で協働する。班の平均人数はおおよそ六人から一〇人程度で、班長あるいは当番の組合員が、毎月の締め切り日までに班員全員の予約をとりまとめて発注する。品物は翌月に各配送センターから業務職員がトラックで、班長あるいは当番の組合員の家に届けられる。

配達された品物は、班員間で仕分けを行ったうえで、各自が自らの注文品を持ち帰る。配送品には、たとえば牛乳一五パックなどの最小ロットが設定され、班でロットを満たさなければ発注できないため、班員間の数量調整が不可欠で、個々の班員にとっては不本意な購入や諦めを余儀なくされるケースも少なくなかった。

こうした班別予約共同購入のしくみは、個人単位の注文や配達に比べて、多くの労力と煩わしさを伴うもので、不便さや不都合を強いるが、そのこと自体に、運動論・組織論上の積極的な意味づけがなされた。班という単位は、人間の協同を実践する場であり、班単位の活動には、人間関係を形成する運動上の意味があった。不便さや不都合を感じるのは消費者エゴであって、生活者として乗り越えられるべきものと観念されていた。

生活クラブ生協は一九八〇年代半ばにかけて、急速に事業規模を拡大させていく（小澤二〇一九、佐藤編著一九八八）。組合員世帯数は、一九六八年の時点で一二二四世帯であったが、七三年には一万五千世帯、七九年には七万二千世帯、八四年には一二万七千世帯へと増加している。供給高も、六九年の時点で五五〇〇万円だったが、七三年に一一億四千万円、七九年に一三八億円、八四年に三二七億円へと大きな伸びを示している。

表2－2には、生協事業高トップ三〇のランキングを整理してあるが、一九七五年の時点で生活クラブ東京が二七位、一九八五年の時点では生活クラブ東京は一七位となり、生活クラブ神奈川も二六位にランクインしている。生協のなかで見れば、生活クラブは、日本生協連が基礎を置く店舗型モデルとは異なり、非店舗型生協として大きな成功を収めたと言える。こうした事業展開は、パルシステム（一九七七年発足）やグリーンコープ（一九八八年発足）などのモデルになったとも言われている（道場二〇一六）。

生き方を変える

生活クラブの運動スローガンの一つは、「生き方を変えよう」である。

	1975年			1985年		
	生協名	事業高	組合員数	生協名	事業高	組合員数
1	灘神戸	1,170	407	灘神戸	2,556	776
2	市民（札幌）	375	160	市民（札幌）	1,194	501
3	かながわ	206	121	かながわ	1,181	573
4	トヨタ	184	77	トヨタ	545	131
5	室蘭	90	16	東京都民	538	232
6	播磨	89	17	みやぎ	466	220
7	空知市民	73	29	さいたま	441	164
8	石川島	71	27	エフコープ	409	171
9	道央市民	65	29	京都	396	206
10	福島消費	61	19	大阪いずみ	292	128
11	京都	59	42	名古屋勤労	218	78
12	宮城学校	55	42	大阪北	187	88
13	都民	54	21	福島消費	174	51
14	山口中央	53	47	道央市民	161	59
15	三井造船	51	11	岡山市民	155	72
16	水光社	50	6	共立社	151	50
17	鳥取西部	47	31	**生活クラブ東京**	136	48
18	宮城県民	45	17	播磨	134	21
19	新潟総合	43	221	ちば市民	132	48
20	静岡	42	26	釧路市民	131	34
21	夕張市民	41	8	奈良市民	130	60
22	名古屋勤労	40	24	石川島	125	27
23	釧路市民	39	11	しずおか	123	69
24	日立因島	38	8	室蘭	119	32
25	鶴岡	35	19	群馬県民	117	92
26	三笠市民	34	6	**生活クラブ神奈川**	113	40
27	**生活クラブ東京**	33	20	かごしま県民	113	56
28	東京大学	32	29	大阪かわち市民	108	51
29	埼玉中央	31	32	水光社	108	16
30	盛岡市民	30	12	ふなばし市民	106	36

表2-2　生協の事業高上位30位ランキング（単位：億円、千人）
（出所）『現代生協運動史・資料集』第3巻、資料・データ編、日本生活協同組合連合会、2001年、735頁により作成。日本生協連の会員生協が対象。

もともと政治への関心から出発したため、岩根邦雄としては、「ともすればマイホームという家庭の枠組の中に小市民的な欲求の中に閉こめられがちな主婦の欲望というものを何とかしてひとつの社会的な参加に変えていく」ことをめざしていた（『月刊社会党』一九七五年一二月）。主婦が消費行動の実践を通じて、社会構造がもたらす抑圧に目を向けて「主体的」に「目覚め」ることを期待し、生活の場から政治経済のしくみを変えようとした。

この点に関して、政治学者の篠原一（1925～2015）は、草創期の生活クラブを参照しながら「全日制市民」という概念を提示した（篠原一九七一）。「定時制市民」が夜だけ地域に帰ってくる「職業人としての男性」を指すのに対して、終日地域社会に住まう「婦人・老人・学生」は「全日制市民」と呼べる。「現代の社会問題は生活のまわりに起こっている」のだから、「生活人としての婦人」には、市民運動・住民運動の担い手として大きな役割が期待される、というのがその意味である。

こうした期待に、生活クラブに参加する女性たちはよく応えようとした。ここでは生活クラブ神奈川の例を見ておこう。

表2-3は、女性たちが生活クラブに加入するきっかけを整理したものである。もともと社会運動と接してきた女性もいるが、主婦や母としての生活の延長で運動に接した者も少なくなかったとわかる。この表に示したのは、運動のリーダーとして中核的存在になる事例に

偏っているから、生活クラブ運動の広がりは、ごく一般的な主婦に支えられていたと思われる。

ここに挙げたなかで、岩田生美（番号一四）が「はじめは全くのお客様気分」と語っていたことは興味深い（生活クラブ生協神奈川自分史編集委員会編一九八一）。表のなかからも、重いものを配達してくれる（番号三）、安全な牛乳が手に入る（番号六）、新しい卵がほしい（番号九）といったように、まさに「お客様」としての動機を見てとれる。一方で、チクロ、PCB、合成洗剤、農薬といったキーワードも目立つ。いずれも一九六〇年代末以降の消費者問題に深く関係しており、女性たちが「お客様気分」を脱して組合活動に主体的に関わる契機となるトピックだった。

このうち、合成洗剤については、一九七〇年代から合成洗剤追放運動が各地に広がったことが知られる（原山二〇一七、高木・坂口一九七八・一九八〇）。当初は合成洗剤の人体に対する悪影響に問題の力点が置かれたが、しだいに環境汚染の問題に関心の重点がシフトしていき、一九七九年に「滋賀県琵琶湖の富栄養化の防止に関する条例」が制定されると、運動は一段落を迎えた。条例でリンを含む合成洗剤の販売・購入・使用が禁止され、洗剤メーカーが無リン洗剤を発売したことで、技術的な改良による解決を見たとされる。学術レベルでも有害性が否定され、科学的な決着を見たという（大矢一九九八・二〇〇一）。

	氏名	所属	加入の経緯や動機
1	守永ますえ	藤沢支部	30代半ばの専業主婦、設立発起人に
2	福沢スミ子	準備支部 指導室	被爆者と交流し平和運動、タイピストとして働くも運動と仕事の矛盾に悩む日々から
3	屋上玲子	市が尾支部	重い物を配達してくれる、と聞き加入
4	片野トシ子	麻生支部	家族に安全なものを食べさせたい
5	河崎民子	大和支部	世田谷でPCBのほとんど入らない米を扱っていると聞いて
6	清水雅子	市が尾支部	安全な牛乳が手に入るから
7	村本文美	港北支部	平凡な主婦、地方出身で知人もいない、水俣病、チクロ、PCB問題など「どす黒い何か」感じ
8	前田清乃	港北支部	一度は加入を断る、社会人として人間らしく
9	寺田悦子	宮前支部	新しい卵がほしい、牛乳がほしい
10	真田ミズホ	市が尾支部	牛乳が安い、なんかおいしい物があるのでは
11	土屋律子	藤沢支部	合成洗剤の手荒れから粉石鹸に切り替え
12	伊藤康子	大和支部	石けんキャラバンのビラを受け取って
13	内田ハル子	金沢支部	合成洗剤、農薬、抗生物質などへの疑問
14	岩田生美	高津支部	社宅の団地広場で説明会に参加して
15	徳岡二早代	戸塚北支部	石けんキャラバンのビラを受け取って
16	大河原さき	瀬谷支部	70年安保への心情的関心、迷いのなかで
17	戸田弘子	戸塚南支部	母親になって食べものと薬に不安を抱く、合成洗剤追放運動への関心
18	宇津木朋子	大和支部	社宅住まいでビラを受け取って

表2-3　生活クラブ生協神奈川への加入のきっかけ

（出所）生活クラブ生協神奈川自分史編集委員会（1981）により作成。

こうした経緯のなかで、生活クラブは石けんの使用にこだわり続けた。生活クラブ生協神奈川では、一九七七年から合成洗剤追放石けんキャラバン運動を開始し、トラックに石けんを積み込んで、金魚の実験などをして合成洗剤の危険性を訴えて回った。さらに、一九八〇年からは、横浜市など七つの市で直接請求による合成洗剤追放のための条例制定運動に取り組んだ。結果として、直接請求運動は、すべての市議会で否決という結果に終わったが、以後、生活クラブ生協神奈川が代理人運動の本格的展開に乗り出す一つの契機となった。

生活クラブ生協神奈川の組合員たちの手による書籍『生き方を変える女たち』では、「生き方を変える」意味が次のように語られている（生活クラブ生協神奈川自分史編集委員会編一九八一）。

> 活動の中でリーダーシップを取り続けた人々の強い「志」は、妻であり、母である前に先ず人間として生きたいということでした。それは、合成洗剤追放運動に見る、単に自分たちが、皮膚障害の被害者であることから逃れたいという思いから、さらにすすんで汚れた水を流して環境を汚したり子孫へも影響を及ぼす加害者になるまいとする生き方の実践や、生産、流通、消費、廃棄の無限の繰り返しの中で、無造作に捨てられる物についても愛情をこめようとする資源再利用運動などに現われる姿が、その典型であると

思います。／「家族に安全な食べ物を」、ということだけでは、もはや、子どもたちの未来は「守れない」ことに生活クラブの組合員は気付き始めたのです。地道な実践の中で、環境、資源、エネルギー問題に具体的に直面し、「地球市民として」の義務と責任を自覚せずにはいられなくなったのです。

ここには、消費者の加害責任を生活者として乗り越えようとする思想を認めることができよう。

フェミニズムからの批判

一九九〇年代になると、性別役割分業規範を前提とする運動のあり方に、フェミニズムの立場から厳しい批判が寄せられた（佐藤ほか編著一九九五、天野二〇一二）。そこでは、指導者が男性に偏していることも批判され、男性指導者との非対称的な権力関係を問う疑問も出された。生き方を変えるのがなぜ女性だけなのか、男性は暮らしの現場で生活者になれないのか、といった問題が鋭く問われたのである。

翻って、多大な労力を前提とする班別予約共同購入の方法は、一九八〇年代以降に働く女性が増加すると、そもそも現実に成り立ちがたくなった。生活クラブはデポー（フランス語で荷さばき所を意味する）と呼ばれる、店舗の開設でこの状況に対応し、さらに九〇年代からは個配（個別配送）にも乗り出していく（生活クラブ生活協同組合・神奈川二〇二一）。

あるいは、合成洗剤の追放に関しても、組合員の女性自身が石けん使用に強くこだわる場合でさえ、家庭内で夫や子どもにその使用を求めることには限界があった（佐藤編著一九八八）。界面活性剤などを含む市販のシャンプーや歯磨き粉について、家庭内での使用は止められなかったのである。この点にも、男性を生活者とは見ない生活クラブ運動の大きな限界があった。

岩根邦雄が組合員にも当然読まれるであろう自著で、自分は「散々に自堕落な生活をしてきた人間」で、「飲み屋に入り浸ることを習慣にする退廃的な生活を続けてき」たと語るとき（岩根二〇一二）、生き方を変えようという呼びかけが、ジェンダー非対称な問題を含んでいた自覚があったとは思われない。消費者＝主婦と見る社会認識の時代性から、生活クラブもまた自由ではなかったのであろう。

3　大地を守る会と有機農業運動

学生運動経験者たちによる設立

次に、有機農業運動の歴史について、大地を守る会の事例を中心に見ていきたい。

大地を守る会は、一九七五年に大地を守る市民の会として設立され、無農薬有機野菜の取引を通じて生産者と消費者を結びつける事業を始めた（表2－4）。翌七六年に大地を守る会へと名称変更を行ったが、この変更は、市民の会だと「まるで都市の人たちだけの組織のようだ」と、生産者から異議が起こったことによるという（藤田二〇一〇）。七七年には有機野菜の流通に関わる事業を株式会社大地として法人化し、市民運動団体である大地を守る会の事業部門と位置づけた。

このように、大地を守る会は有機農産物の流通を担う事業体であると同時に、市民運動に取り組む運動体でもある。二〇一〇年には市民団体（NGO）と株式会社の組織を合併し、大地を守る会はソーシャルビジネス（社会的企業）であると宣言した。以後、同社は自らの歴史を、社会的企業の先駆的な存在と位置づけていく。

大地を守る会の立ち上げを中心的に担ったのは、藤田和芳である。彼も含めて立ち上げメ

1975年	大地を守る市民の会設立
1976年	大地を守る会に名称変更 会長に藤本敏夫を選出
1977年	池袋で無農薬農産物フェア 株式会社大地設立（流通部門）
1978年	「地球は泣いている　東京集会」開催 食肉加工場設営・畜産物の取扱開始
1979年	新宿区立落合第一小学校の給食に有機農産物を導入
1980年	株式会社大地物産（卸部門）、株式会社大地牧場（食肉部門）設立
1981年	ロングライフミルク反対運動への取り組み開始
1982年	鮮魚水産物の取り扱い開始 低温殺菌牛乳の大地パスチャイライズ牛乳
1984年	丹那の低温殺菌牛乳を育てる団体連絡会結成 牛乳パック回収運動を開始
1986年	チェルノブイリ原発事故をきっかけに反原発運動開始 日本消費者連盟らと米の輸入に反対する連絡会を結成
1987年	大地物産と日本リサイクル運動市民の会が連携し、らでぃっしゅぼーや開始
2008年	株式会社大地を株式会社大地を守る会に社名変更
2010年	NGOと株式会社を合併
2017年	オイシックスと経営統合、オイシックスドット大地設立
2018年	オイシックス・ラ・大地株式会社へ社名変更 らでぃっしゅぼーやと経営統合

表2-4　大地を守る会の略年譜

（出所）藤田（2005）巻末年表および「オイシックス・ラ・大地」HP（https://www.oisixradaichi.co.jp/story/history/daichi-m/）により作成。

ンバーは、学生運動の経験者であった。

藤田は一九四七年、岩手県の稲作農家に次男として生まれた。一九六六年、上智大学法学部に入学すると、新聞クラブに入部し、しだいに大学の自治をめぐって大学当局と対立する論陣を張るようになった。上智大学に全共闘（全学共闘会議）が結成されると、彼はこれに参加し、学生運動にのめり込んだ。

藤田和芳（写真提供：朝日新聞社）

一九七〇年に大学を卒業すると、出版社に勤務するが、「夢破れた日陰者という自虐的な意識をもちながら悶々としていた」という（藤田二〇〇五）。そんな中、E・F・シューマッハー『スモール イズ ビューティフル』や有吉佐和子『複合汚染』を読み、農業や第一次産業への関心をもつようになり、食べることに軸足を置いて文明を問い直そうとしていた。

一九七四年のあるとき、藤田は職場の昼休みにめくっていた『サンデー毎日』の記事に目をとめる。その記事は、高倉熈景《たかくらひろかげ》医師による無農薬農法の実践を紹介していた。高倉医師は、陸軍病院の化学兵器研究局に勤務し、毒ガスの防護研究に取り組んだが、敗戦後、故郷の茨城で開業すると、一九五〇年頃から農薬による健康被害を訴える患者がやってきだしたことをきっかけに、地域の農業者とともに無農薬農法の実践に乗り出していた。

これを読んだ藤田は水戸へ出向き、高倉医師や無農薬農法に取り組む生産者たちと出会った。そして、一九七五年に大地を守る市民の会を設立したのであった。

その年の暮れには、学生運動の指導者として知られた藤本敏夫（1944～2002）が活動に加わった。

藤本は一九六八年に三派全学連委員長となり、国際反戦デー防衛庁抗議行動などに参加、七二年には、学生運動に関連する公務執行妨害などで実刑判決を受けた。このとき、歌手の加藤登紀子と獄中結婚をし、その名は広く知られる（加藤編二〇〇九）。藤本は刑務所時代に食や農業への関心を深めており、七四年に出所した後、大地を守る会の立ち上げを知って活動に加わった。七六年には、知名度を買われて会長となり、妻の加藤に多くの協力を仰ぎながら、会の顔としての役割を果たしていった。

学生運動を経験した藤田と藤本にとって、有機農業運動の実践には独特の魅力があった。藤田は、学生運動の経験で「セクト同士の内ゲバ」などに嫌気がさし、告発型の社会運動にも限界を感じていた（藤田・小松一九九二）。有機農業の実践に踏み込んだのも、農民や農薬会社への告発ではない形で、「農薬が問題ならば、農薬に依存しない生活世界を自分たちで作ってしまえばいい」との思いからであった（『生活協同組合研究』一九九九年七月）。

藤本敏夫（写真提供：朝日新聞社）

一方の藤本は、学生運動が一面で「ユートピアとしての共同体志向」を持ちながら、「具体的な共同体の展望が何もなかった」ことに限界を感じ、有機農業の実践にその限界を乗りこえる可能性を見ていた（加藤編二〇〇九）。

大地を守るという共同性

大地を守る会の名称は、「大地に生きるものとしての共同の関係性を、消費者や生産者という言葉を超えてつくっていきたい」という理念に根ざしている。その具体的な運動理念についてては、一九七五年のパンフレット『安全農産物の安定供給と農薬公害の完全追放をめざして』で、次のように説明されている（藤田・小松一九九二）。

大地を守る市民の会は、この運動を推し進めるにあたり、私たち自身の反省も含めて、消費者側の価値観の転換をはからなければならないと考えている。／農民は常に消費者動向という目にみえないがしかし有無をいわさない巨大なものに振り回されている、という事実を忘れてはならない。それは具体的には市場の意向である。そして行政の「消費者の嗜好に合わせよ」という指導である。都市住民は農民より圧倒的に多いという今日の状況の中では、少数の農民は多数の都市住民の要求に従うべきだという奇妙な論理がまかり通っているのだ。／ことの本質を見失った論議はただ不毛しか生み出さない。

『複合汚染』でも指摘されていたが、雄鶏を残して飼育している農家に対して、あのトキのコエは公害だなどと騒ぎたてる神経。あるいは、生産者に対して過大の献身性と自己犠牲を強要しておきながら、自分の方は何のリスクも背負わず〝産直〟を実施し、そのうえ、「高過ぎる」とか「形が悪い」などと生産者を罵倒して平気な消費者たち。また、真の意味で解決策を目指そうとせず、自分たちのエゴのおもむくまま「告発」さえしておれば、それが「消費者運動」であると過信してはばからない一部の「消費者運動家」たち。／しかし、そうした悲しき現実が生じていることについて、その責任のすべてが彼らだけにあると断じるのは誤ちである。日本の消費者運動がある意味で決定的に立ち遅れている事実、まこと国民的レベルでの「人間の生命と健康を守る運動」が提起されていなかったという事実に目をそむけてはならない。／大地を守る市民の会は、あえて傲岸だとのそしりを恐れず、このような日本の消費者運動の止揚を目指す覚悟である。／生産者が自分の生活維持のために正当な利益を農産物から得たいと思うのは当然であるし、また消費者が「安くておいしくて、しかも安全なものを求める」のもこれまた当然の要求である。ここに矛盾があってはならないのである。一方に犠牲が強要されるのなら、他方はやはりエゴとならざるを得ない。犠牲もエゴもない、極めて当然の食品流通が確保されなければならないのであるここには、告発型運動の限界に関する認識とともに、消費者の立場を問い直そうとする考え方がよく表れており、生産者と消費者のどちらも犠牲にならないかたちをめざすところに、大地を守る会の特徴があった。

そうした特徴は、事業体としての性格を色濃く持つという会の組織形態にも反映されているが、この意味を理解するには、当時の有機農業運動のあり方を確認する必要がある。以下、少し長くなるが、有機農業運動の全体的な動向について、詳しく追いかけてみよう。

有機農業運動の価値体系

有機農業という言葉の生みの親は、農業指導者の一樂《いちらく》照雄（1906〜94）である。一樂は農林中央金庫理事（一九五四年）、全国農業協同組合中央会理事（五八年）、協同組合経営研究所理事長（六六年）などを歴任した後、七一年に日本有機農業研究会を結成し、有機農業の普及に尽力した。このとき、Organic Gardening and Farming の「直訳」として、有機農業という言葉を作ったという（農山漁村文化協会二〇〇九）。

自然農法の実践そのものは、一九四〇年代後半から散発的に取り組まれていたが、一九七〇年代に入ると安全な食べものを求める消費者と結びつき、運動としての広がりをもつようになった。消費者からすると、そもそも有機農産物は一般の市場に流通していなかったため、数少ない有機農業の実践者と直接結びつく以外に方法がなかったのである（原山二〇一一）。

有機農業運動の価値体系は、表2－5に整理した通り、近代農業への根源的な批判に根ざす奥深さを持っていた（国民生活センター編一九八一）。近代農業は、農の工業化に向かうものとして批判され、単作化・画一化・機械化・商品化などに基礎を置く生産方法上の問題はもとより、自然環境、廃棄物処理、エネルギー、消費態度など、農業を取り巻くさまざまな課題が文明レベルで問い直された。農業基本法（一九六一年）に基づく日本の農政も、農の工業化を志向しているとみなされ、有機農業運動の実践を通じて、その方向転換をしようとした（桝潟二〇〇八）。

一樂照雄（写真提供：朝日新聞社）

ただし、生産者にとって、有機農業への転換は容易ではなかった。生産者が有機農業の実践に向かう直接的な契機としては、自身や家族が農薬による健康被害を受けたり、あるいはその懸念を強く持ったりすることが多かったが、有機農業の技術は体系化されておらず、生産が安定するまでには試行錯誤を要した。加えて、農薬を使わない自然農法には、人間の手による労力の多大な投入が欠かせなかった。近代農業の技術的達成が、農薬と機械化

	近代化農業路線	有機農業運動の方向性
生産様式	大規模・画一的・工業的	地域の特殊性・生態系を生かす
農業経営	単作化・生産地指定・規模拡大	有畜複合経営・適正規模
生産資材	石油資材（農薬·化学肥料·施設燃料）・大型機械・輸入飼料依存	循環する資材(堆きゅう肥·自然材料)·小型機械·役畜·飼料の自給
自然との関係	自然からの収奪	自然との共存
廃棄物処理	広域・巨大化・大量化・捨てる	小地域で完結・少量化・生かす再利用
労働	分業拡大（部分的·他律的）	分業縮小（全体的·自律的）
雇用	省力化による農業労働力縮小	農業への労働力吸収
技術	巨大技術（普遍性）指向・資源使い捨て技術	適正技術（特殊性）指向・リサイクル・永続的技術
エネルギー	石油エネルギー・大規模消費代替指向・原子力・核融合	自然（ローカル）エネルギー·小規模自給（薪·炭·水力・風力・メタン）自然との調和指向
食糧自給度	低下（選択的拡大・国際分業）	上昇（自給自足へ）
流通	広域・遠距離流通	地場生産・地場消費
消費態度	通年消費・加工食品・肉食指向	地場の旬のもの・手づくり
経済	フロー追求型・国際分業とナショナリズム・経済圏の拡大	ストック重視型・地域経済の自立・地域内自給・経済圏の縮小
都市構造	巨大化・機能の集中化	縮小・機能の分散化
人間関係	孤立的競争・他人指向型	協同的相互扶助・自立指向型
文化	都市型文化指向	地域文化の重視
社会関係	管理社会の進行	多様な自主管理社会

表2-5　有機農業運動の価値体系

（出所）国民生活センター編（1981）により作成。

による省力化と収量の安定化という成果を得ていたわけであり、その否定に大きな苦難をともなうのは当然であった。

そうした状況にあって、消費者との結びつきを得ることは、有機農業の試行錯誤を支えるうえで決定的に重要な意味を持った。生産者からすれば、長期安定的な取引の見通しが、収量や収入の不安定さというリスクを負担しやすくするうえに、食べる人の顔が見えることは、生産にやりがいや面白さを見いだす一つの動機づけになった。また、有機農業の実践に乗り出す生産者は、地域内でしばしば変わり者として白眼視されたから、価値を共有する者たちが運動のかたちをとることには大きな意味があった。

産消提携の思想

有機農業運動では、生産者と消費者との結びつきを産消提携と呼び、直接取引を理想とした。産消提携は、中間流通を省いて安売りを実現しようとする産直と根本的に異なるものとされ、そもそも売り買いの関係ですらなく、「相互に贈与的な性質の行為」だとする思想に基づいていた。

一九七八年に日本有機農業研究会がまとめた「生産者と消費者の提携の方法」は、「提携一〇か条」「提携一〇原則」などと呼ばれ、有機農業運動の基本理念に据えられる。その内容は表2－6に整理した通りで、総じて売買関係そのものを拒否し、消費者の立場を問い直そうとするところに眼目があった。生産者と消費者との直接的かつ積極的な交流に固有の意味を与えているのは、先に確認したような有機農業の厳しい試行錯誤を乗り越えるためでもあった。自主的な配送には生産者と消費者との交流機会という意味が与えられ、流通コストの削減が目的とされたわけではなかった。

この提携一〇原則が示す消費者のあり方は、相当に特異であろう。いまの感覚から見れば応援消費の極致とみなせるかもしれないが、もはや消費者と呼べる存在ではないという見方のほうがふさわしい。一〇原則の含意に関しては、一樂による解説があるので、以下、消費者に関わる部分で特徴的なものをいくつか紹介しておきたい（農山漁村文化協会二〇〇九）。

まず、第一条について、売買関係でない「人と人との友好的付き合い関係」とは、「ものを交換価値で評価しないで使用価値で評価する」ことだという。「金銭の授受は形としてはものの代金であっても、実質は代償と謝礼である」から、「お互いの心組みとしては、相手を取引きの相手とみるのではなく、家族の延長として親戚や友人のように苦楽をともにする相手とみる」べきだと説く。「消費者としての生活の見なおし」は、「食膳からの加工食品の追放を、まず実行すべき」であるとする。

そして、第二条の計画的な生産に関しては、消費者と相談したうえでのことだから、「生

1	生産者と消費者の提携の本質は、ものの売り買い関係ではなく、人と人との友好的付き合い関係である。すなわち両者は対等の立場で、互いに相手を理解し、相助け合う関係である。それは、生産者、消費者としての生活の見なおしにもとづかねばならない。	相互扶助の精神
2	生産者は消費者と相談し、その土地で可能なかぎりは、消費者の希望するものを希望するだけ生産する計画を立てる。	計画的な生産
3	消費者は、その希望にもとづいて生産されたものは全量を引き取り、食生活をできるだけ全面的にこれに依存させる。	全量引き取り
4	価格の取り決めについては、生産者は生産物の全量が引き取られること、選別や荷造り、包装の労力と経費が節約される等のことを、消費者は新鮮にして安全であり美味なものが得られる等のことを、十分に考慮しなければならない。	互恵に基づく価格の取決め
5	生産者と消費者とが提携を維持・発展させるには、相互の理解を深め、友情を厚くすることが肝要であり、そのためには双方のメンバーが相接触する機会を多くしなければならない。	相互理解の努力
6	運搬については、原則として第三者に依頼することなく、生産者グループまたは消費者グループの手によって、消費者グループの拠点まで運ぶことが望ましい。生産物を生産者の手から消費者個々の手に渡すまでの運搬こそ、最も面倒な苦労の多い部分である。	自主的な配送
7	生産者、消費者とも、そのグループ内においては、多数の者が少数のリーダーに依存しすぎることを戒め、できるだけ会員が責任を分担して、民主的に運営するよう努めなければならない。ただしメンバー個々の家庭事情をよくくみ取り、相互扶助的な配慮をすることが肝要である。	会の民主的な運営
8	生産者および消費者の各グループは、グループ内の学習活動を重視し、単に安全食料を提供、獲得するだけのものに終わらしめないことが肝要である。	学習活動の重視
9	グループの人数が多かったり地域が広くては、以上の各項の実行が困難なので、グループづくりには、地域の広さとメンバー数を適正にとどめ、グループ数を増やし、互いに連携するのが望ましい。	適正規模の保持
10	生産者および消費者ともに、多くの場合以上のような理想的な条件で発足することは困難であるので、現状は不十分な状態であっても、見込みある相手を選び、発足後逐次相ともに前進向上するよう努力し続けることが肝要である。	理想に向かって邁進

表2-6　生産者と消費者の提携の方法（1978年、日本有機農業研究会）
（出所）農山漁村文化協会（2009）により作成。

産が計画どおりに作付けし、肥培管理を手落ちなく行なうかぎりは、消費者としては何らの不平・不満を持つことはできない」とされる。

第三条の全量引き取りについても、「商品に依存した通常の食生活であれば、その日その日の夕刻に店頭を訪れ、ほしいものを物色すればよいわけだが、そんな自由はな」く、「消費者としては選択の余地はまったくないが、つねに新鮮でかつ旬のものが得られることに満足する」べきであって、むしろ「調理の仕方や過不足の調節についての研究をしないで、ともすれば食膳の貧しさを防ぐために商品の購入におもむくのは、意志薄弱と怠慢のそしりを免れない」と説かれる。

さらに、第四条の互恵に基づく価格の取り決めでは、「価格理論を気にする必要はなく、両者が納得できるものであればどんな方法によるのも自由」であって、それは価格が「品物の代金というよりも、行為に対する謝礼というべき性質のもの」だからという。

先に見た有機農業運動の価値体系で、農の工業化は、消費者の食生活が求める農産物の商品化に根ざすと理解され、商品に依存した消費者の食生活こそ乗りこえるべきとされた。あるいは、互恵的贈与関係は、有機農業生産の困難を乗り越えるために不可欠とされ、消費者の立場を問い直すことには運動論上の強い意味が込められていた。

しかし、消費者の立場の厳しい問い直しは、現実問題として相当に高いハードルであり、有機農業運動の広がりに限界をもたらした。

互恵的贈与関係の隘路

この点に関わって、国民生活センターの調査を見ておこう（国民生活センター一九八一）。国民生活センターでは、有機農業運動の実態を把握するために、一九七九年に有機農業生産者へのアンケート調査を行い、八〇年には生産者と提携する消費者集団を対象としたアンケート調査を実施した。以下、前者を「生産者調査」（有効回答総数三〇五、うち消費者と提携一四二）、後者を「消費者集団調査」（有効回答総数一一四）と呼び、両調査から産消提携の取引上の問題点を読み込んでみたい。

まず、価格決定の主体について、生産者調査では、「双方が話合って決める」が四八・二％と最も多く、「生産者が決める」が三三・三％、「市場価格で決める」が八・五％となっている。それに対して、消費者集団調査では、「生産者が決める」が五三・五％と過半を占めており、「双方が話合って決める」は三〇・七％、「市場価格で決める」が六・一％となっている。

厳密に言えば、二つの調査の有効回答は同じ提携関係にある対象を捉えたものではないので、結果のズレが生じるのは当然と言える。ただ、この結果からは、生産者の側は消費者と話し合って決めていると思っていても、消費者の側はそう捉えておらず、生産者が一方的に決めていると理解していた場合もあったと想像されよう。

現実問題として、そもそも一般の市場に流通しておらず、価格の相場観が共有されていない状況で、消費者の側から望ましい価格を提示するのは困難であったに違いない。

生産者調査によれば、生産者が「最も望ましい」と考える価格決定の基準については、生産費と答えた者が五八・二%と半数を超え、生活費が一六・三%、市場価格が八・五%と続く(『有機農業運動の現状』一九八〇年)。生産者の側は、生産費や生活費を基準とすることが望ましいと考えており、互恵的贈与関係に委ねる限りでは、消費者による交渉の余地は乏しかろう。そもそも生産費が消費者側に開示されているのかどうかを含めて考えると、「親戚や友人」と透明性のあるかたちで価格交渉が可能なのかという根本的な問題に行き着くように思われる。

検査の実施についての調査結果からは、同様の問題点がいっそう浮き彫りになる。消費者集団調査のなかで、安全性確認のための検査経験を問う設問に、「検査はしたことがない」と答えた者が七八・九%にも上り、その内訳は、そもそも「検査をしない」が四四・七%、「したいができない」が三四・二%となっている。検査をしない理由については、「生産者との信頼関係に基づいて安全性が確保されるから必要ない」、あるいは「費用や検査体制が整ってない」というものであった。

以上の結果からすると、互恵的贈与関係という理念は、透明性のある客観的で公平な取引条件の設定が、もっぱら両者の信頼関係に委ねられる点で、一種の危うさを抱えていたと言える。そもそも事業者との関係で消費者は構造的な弱者であるがゆえに、消費者の権利という思想が育まれてきたことも想起されるべきであろう。消費者の立場を問い直す有機農業運動の価値体系が、消費者の権利というかたちで問題を立てにくい構造をもつとすれば、取引主体としての消費者の本来的な弱さが、互恵的贈与関係という理念によって覆い隠されてしまうことにもなる。

一九八〇年代後半以降、運動の外側に有機農産物の流通が拡大していく（国民生活センター一九九二）。消費者からのニーズの高まりと、農協などによる生産への取り組みの広がりを受けて、デパートやスーパーなどでも高付加価値商品としての位置づけを得ながら、有機農産物の販売が広がったのである。有機農業運動サイドは、こうした動きを底の浅い有機農業として批判的に見ていた。しかし、日本有機農業研究会による運動が、その広がりの限界にぶつかったことは間違いない。その限界は、以上に見てきた通り、消費者の立場を問い直そうとする運動の論理に内在していたと言えよう。

日本有機農業研究会からの批判

さて、こうした有機農業運動の全体的な動向を踏まえると、大地を守る会は、事業体としての性格に基礎を置く点で特徴的な団体であった。日本有機農業研究会の側からすれば、大地を守る会の活動のあり方が望ましいものには見えなかった、ということでもある。

実際、大地を守る会が一九八一年に日本有機農業研究会の大会に初めて参加した際には、強い批判を浴びた（藤田・小松一九九二）。このとき大会に出席した人物の一人は、会の事務局員を勤めていた徳江《とくえ》倫明《みちあき》（1951〜）であった。徳江は早稲田大学を卒業後、ダイエーに勤めながら放牧豚の農場建設にも挑戦し、大地を守る会に出入りしだして数年後からは、ダイエーを辞めて会の専従職員となった。一九八八年に有機農産物の宅配組織らでぃっしゅぼーやを設立した人物である。

日本有機農業研究会からの批判は、産消提携こそが有機農業運動のあるべき姿で、直接的な交流を通じてライフスタイルや価値観の転換を迫るからこそ意味があるのだから、大地を守る会のような流通事業体が介在すれば、ただの商品流通と変わらず、消費者の価値観も変えられない、とする内容であった。先に見た有機農業運動の価値体系からすれば、たしかにこのような批判が成り立つ。このとき徳江は壇上に駆け上がって猛抗議するも、結局発言を許されなかったという。

翌一九八二年に行われた日本有機農業研究会の大会には、満を持して藤田和芳が出席し、一樂照雄との間で論争となる。藤田は、間にきちんとした組織が入ることも一つの方法であり、多様な方法の実験を認めてこそ運動の可能性が広がると主張したが、一樂は「そんなことはできない。君たちは株式会社じゃないか」として耳を貸そうとしなかった（藤田・小松一九九二）。藤田はこのとき、有機農業運動の思想性と閉鎖性に強い疑問を感じ、内ゲバに向かった学生運動の経験を思い起こさざるを得なかった。

一方、藤本敏夫の受けとめ方は少し違っていた。後年の回想で藤本は、「一樂照雄会長のお叱りは強烈でした」としつつ、「一樂イズムの真髄」は「野菜を商品としてとらえない」という点にあって、「それは正しい考えである」と述べている（藤本一九九八）。おそらくユートピア志向の強い藤本は、一樂の思想に共鳴する部分があったのだろう。一九八一年には、千葉県鴨川市嶺岡山中に移住して自然生態農場の鴨川自然王国を設立し、自ら有機農業の生産実践に没入していった。八三年には、大地を守る会の会長も辞任している。

株式会社という選択と事業内容

そもそも大地を守る会が一九七七年に株式会社大地を設立した際、株式会社という組織形態を選んだのには、いくつかの理由があった。

まずは生協組織にすることが検討されたが、それだと消費者の生活防衛のための組織なので、生産者の立場に立てなくなってしまうことや、法律の規定により都道府県という行政単位の認可団体としなければならないことなどの理由で、会の事業組織としては不適当だと判断された（『生活協同組合研究』一九九九年七月）。

メンバーの間では、ベ平連（ベトナムに平和を！市民連合）の反戦一株株主運動が話題に上り、結果として株式会社とすることになった。反戦一株株主運動とは、一九七一年に防衛産業の象徴として戦車製造を行う三菱重工の株を買い、株主総会に参加して「戦車を送るな」と意見表明を行おうとした運動を指す。

株式会社という組織形態を選んだことには、先に見た一樂だけでなく、市民運動から強い批判が寄せられたが、大地を守る会としては、専従職員だけでなく、生産者も消費者も株主とするかたちをとることで、運動への積極的な参加意識を醸成できたという（藤田二〇〇五）。

事業面で見ると、消費者による共同購入のしくみをベースとする点に特徴があった（『日本経済新聞』一九八三年三月二六日付夕刊、国民生活センター一九九〇）。

具体的には、ステーションと呼ばれる末端の配送拠点を核とし、近隣の十数軒が共同購入を行うかたちをとる。ステーションは共同購入グループのリーダー宅などに設定され、週に一回、一週間分の注文品を受け取る。グループ内では、代表世話人を務める係、全員分の注文を集計して電話で発注する係、各自の支払金をまとめる係、検品して個人用に仕分ける係など、数人で仕事を分担するかたちをとった。購入金の一％は還元金として戻され、グループの運営費や勉強会の活動費用に充てられた。ステーションはグループ活動の拠点という性格も有していたのである。

ステーションへの配送は、大地の職員が直接担当した。配送の際に、機関誌や生産情報を刷ったチラシなどを消費者グループに手渡しして情報提供を行い、消費者からは農産物を食べた感想や活動に関する意見を直接聞くことで、職員が生産者と消費者のパイプ役となった。生産者と消費者が直接交流する機会も少なくなかったが、有機農業運動のなかでは、相対的に緩やかなかたちで自主性に委ねられていた。

こうした共同購入のしくみは、生活クラブの場合と同様、共同購入グループという単位に運動論上の意味を持たせるものであったが、消費者にかかる労力の負荷が大きい。大地を守る会でも、会員の中心は三〇代から四〇代の女性で、平日の昼間に配送するスケジュールに対応できる専業主婦の参加を前提としたが、既婚女性の就業者が増えるなかで、共同購入のしくみに限界を感じるようになった。そのため、一九八五年からは個人宅配方式の導入に踏み切っている（藤田・小松一九九二）。

一九七七年の株式会社設立当時の事業規模は、資本金一六九九万円、専従職員八名、生産

者とのネットワーク約五〇ヵ所、共同購入に参加する消費者二五〇〇世帯という水準で、ステーションは首都圏を中心に分布していた（国民生活センター一九九〇）。以後、しばらくは生産者・消費者ともこの規模を維持しながら、有機農産物の安定的な供給を目標とする方針がとられたが、個人宅配方式の導入を機に事業規模の積極的な拡大をめざす方針に転換した。一九八九年の時点では、株式会社大地の資本金は一億二八〇〇円、専従職員三五名とパート職員一四〇名を擁し、消費者が一万世帯（うち夜間宅配が七五〇〇世帯）、年間販売額が二七億円という規模にまで拡大している。

運動とビジネスのあいだ

最後に、本書の関心にしたがって、大地を守る会の消費者に対する向き合い方を確認しておこう。

先に見た論争で、一樂照雄が持論である全量引き取りの原則を強く主張したことに対して、藤田和芳はこれを精神性の押しつけだとして否定した（藤田・小松一九九二）。「キャベツがたくさん獲れたときは、キャベツをたくさん食べなさい」と言う一樂に対して、藤田は「キャベツづけになるなんて、半年やそこらは我慢もするけど、消費者の側はどんどん苦しくなるだけだ」として、問題は取引のしくみのなかで解決できることを強調した。

具体的には、消費者からは注文制、生産者に対しては全量引き取りとしたうえで、注文で自由に買える野菜と、セットものとしてなら買える野菜とを区別するしくみを考案し、セットものの中身は、生産者から引き取った野菜を組み合わせるというかたちで、需給ギャップの解消を図っている。

ただし、藤田も有機農産物をもっぱら商品と見る立場ではない。消費者が蒙《こうむ》る不便や不利益に、運動論上の意味づけを与えて社会変革を期待する点では、有機農業運動と共通する狙いを持っていた。見てくれの悪い曲がったキュウリは「文化のかたまり」であり、ステーションに大小不揃いのトマトや、メンバーの数を超えたダイコン、まったく知らない野菜などが届くことは、都市生活者が「畑の都合」を学ぶ機会であると説いた（藤田・小松一九九二）。

そうしたなかで、一九八〇年に有機農産物の卸事業を担当する株式会社大地物産が設立され、デパート、スーパー、自然食品店などにも会の農産物が卸売されるようになると、共同購入の消費者会員から、「スーパーには品質のよいものを卸して、その余りものを私たちに引き受けさせているのではないか」との疑念をぶつけられる事態が生じた（藤田二〇〇五）。会としては、作付け段階で異なる畑に分けている、努力で改善できる点を見直していった、などと弁明したが、その実態はたしかに危ういものであったように思われる。

たとえば、表2－7から、消費者会員向けの株式会社大地と、卸事業用の株式会社大地物

出荷時期	（株）大地	（株）大地物産
4～5月	1,800	2,300 ～ 2,500（最高）
6～9月	1,200	800（最低）
10～11月	1,500	
年間平均		1,000 ～ 1,100

表2-7 大地と大地物産への出荷価格の比較
（キュウリ5kgの場合、単位：円）
（出所）『専門流通事業体による有機農産物取扱いの実態』国民生活センター、1990年、37頁。
（注）福島わかば会に属するある一農家の事例。

産とのキュウリの出荷価格を比較して見ると、同じ農家からの出荷なのに大地と大地物産で出荷価格に大きな違いがあるとわかる。大地では、若干の変動がありつつも、市況と関係なく年間固定価格が基本であったのに対して、大地物産では、市価高値の八〇％を目安として一週間ごとに市場と連動させるかたちで価格決定が行われた。その結果として、表が示すように、大地物産への年間平均出荷価格の方が低い状況にあったのである。

大地を守る会では、大地から出荷された生産者価格の一・五倍を共同購入での消費者価格としていた（国民生活センター一九九〇）。他方、大地物産からたとえばスーパーに卸された後は、スーパーでの販売価格を当然コントロールできないが、出荷価格の差を考えれば、一般消費者がスーパーで購入する値段が、会員向け価格よりも高くなるとは考えにくい。同じ農家から出荷された野菜が、スーパーで買う方が安いのだとしたら、消費者会員がそのことに不満を持つのは、消費者として当然だろう。

表2－7に挙げた事例の当該農家は、「大地」では「毎年の価格が安定しているから生産の計画が立てられる良さ」がある、とコメントしている（国民生活センター一九九〇）。しかし、消費者が、こうした二重価格状態を納得することは難しいはずである。あるいは、互恵的贈与関係と割り切るにしては、大地を守る会がビジネスとしての性格を持ちすぎているとも言えよう。

このことは、会が説く畑の都合という論理のなかに、生産者やビジネスの都合が容易に割り込んでくる危うさがあったことを物語る。消費者の立場を問い直すことは、有機農業運動の価値体系を支える強さでもあるが、運動の広がりを困難にする弱さでもある。大地を守る会の場合は、生産者と消費者とを媒介する事業主体として、そのどちらも犠牲にならないかたちをめざした。そのことが、運動とビジネスとの間の微妙なバランスをとる難しさにつながっていたと考えられる。

4　堤清二のマージナル産業論

セゾングループを築いた男

堤清二は、一九二七年に実業家・政治家の堤康次郎《やすじろう》の子として生まれた（表2－8）。康次郎は西武グループの創業者で、土地開発・不動産事業と鉄道事業を中心とした事業を進めた（老川二〇二四）。清二の母は、当時康次郎と内縁関係にあった青山操で、小学生時代の清二は青山姓を名乗ったことから、「青山君はお妾《めかけ》さんの子どもですよ」との風聞に接しながら複雑な思いを抱えて育った（御厨ほか編二〇一五）。中学入学と同時に堤姓に変わる。

一九四八年に東京大学経済学部に入学すると、青年共産同盟に入会、日本共産党へ入党して学生運動に加わったが、五〇年には共産党内部の分派の影響で、党中央から除名されている。五一年に東京大学経済学部を卒業後、肺結核の療養を経て、五三年には当時衆議院議長の座にあった父・康次郎の政治秘書を務めた。

翌一九五四年には、父が経営する西武グループ傘下の西武百貨店に入り、ビジネスマンへと転じた。五五年に店長となり、六六年からは社長となった。この間、六三年には、総合スーパーを展開する西友ストアーを設立している。

1927年	東京・三鷹に生まれる
1939年	東京府立第十中学校入学
1943年	成城高等学校理科甲類入学
1947年	成城高等学校文科編入
1948年	東京大学経済学部入学
1951年	東京大学経済学部卒業
1953年	東京大学文学部国文学科に再入学 衆院議長・堤康次郎の秘書となる
1954年	西武百貨店入社
1955年	西武百貨店取締役店長 東京大学文学部国文学科中退
1963年	西友ストアー設立
1966年	西武百貨店代表取締役社長
1969年	パルコ1号店（池袋）開店
1971年	西武流通グループとして西武グループから独立
1973年	渋谷パルコ開店 ファミリーマート1号店開業
1976年	西武クレジット設立
1977年	西武百貨店代表取締役会長
1979年	『変革の透視図』刊行
1980年	西友ストアーのオリジナルブランド無印良品発売
1983年	無印良品の直営1号店（青山）開店
1985年	西武セゾングループへ改称
1987年	西武百貨店が百貨店売り上げの年間第1位を達成
1990年	セゾングループへ改称
1991年	セゾングループ代表から引退表明
1996年	『消費社会批判』刊行
2013年	死去

表2-8　堤清二の略年譜

（出所）御厨ほか編（2015）巻末略年譜により作成。

一九六四年に父・康次郎が死去した。堤清二は、七一年に流通部門を西武流通グループとして西武グループから独立させ、八五年にこれを西武セゾングループへと改称、九〇年からはセゾングループと名乗った。

西武百貨店への入社から出発した堤清二の事業は、ファッションビルのパルコ（一九六九年開業）、コンビニエンス・ストアのファミリーマート（七三年一号店）、ファミリーレストランのCASA（七八年一号店）、（七六年緑屋と資本提携、八〇年社名変更）などに広がり、そのほか、不動産、レジャー、生命保険などにも及んだ。八〇年にグループから誕生した無印良品が、独自の店舗を出店し始めたのは八三年のことであった。

堤清二

事業規模の面では、一九五五年の西武百貨店の売上高は三七億円だったが、八五年にはグループ全体で、会社数九一社、四研究所、資本金総額七九五億円、売上総額二兆八五〇〇億円という巨大なスケールへと成長し、まさに急激な拡大を見せている（由井編一九九一a、由井ほか二〇一〇）。

堤清二が築き上げたセゾングループの歩みは、「1つの企業の歴史を論じることが、直接的に、時代背景や経済社会の特徴を論じることにつながる」と言われるほど、時代を象徴する意味合いをもつと評される（加藤・大石二〇一三）。以下では、堤が提起したマージナル産業論に注目し、本書なりにその意味を解きほぐしたい。

資本の論理と人間の論理

堤清二は、一九七九年に刊行した著書『変革の透視図』で、流通産業は「資本の論理」と「人間の論理」との境界領域にある「マージナル産業」であると規定した。「流通産業は商品が消費者の手に渡って、交換価値から使用価値に転化する場所に位置しており、いいかえれば、資本の論理と人間の論理の境界にたっている産業だと考えられる」と表現している（堤一九七九）。

交換価値とは、売り手にとっての価値に属するもので、価格で表現され、高ければ高いほどよい。対して、使用価値とは、消費者にとっての価値であり、生活欲求に応える有用性で判断される。堤は、自ら従事する流通産業の存立基盤を、この異質な基準をもつ二つの価値をつなごうとする点に求めたのである。

交換価値から使用価値への転化という捉え方は、マルクスの『資本論』をベースとするが、堤の議論は、その転化の先を人間の論理と読み換えたところに特徴があった（由井編一九九一b)。学生運動の経験を持つ彼にとって、マルクスの『資本論』はその頃から縁の深い本であったが、一九七〇年代後半になって読み直してみると、同書の「消費」の規定のなかに、「本来、人間の個性的な生活過程であるべき消費」という記述があることに気づく。「本来、人間の個性的な生活過程であるべき」という部分は、「学生時代に読んだ時は完全に読み落として」いたのだという(『RIRI流通産業』一九九六年五月)。

本章の内容を踏まえれば、消費を「個性的な生活過程」という人間の論理に引きつけて読み込もうとする堤のこうした読み方が、一九七〇年代という時代の影響を強く受けたものであったと理解できよう。

このことに関わって、堤のマージナル産業論が、以下のような論理で一九六〇年代的な流通革命像を否定した点が注目される。

すなわち、一九六〇年代の流通革命は、資本の論理によって流通産業の「近代化」をめざしたもので、後発工業国日本では、生産部門に比べて発展が立ち遅れてきた流通産業を「近代化」していくことはたしかに必要である。しかし、流通革命がめざす大量流通は、画一的な大量消費を求めることにつながり、それは生活様式の画一化をもたらす資本の論理にほかならない。本来、生活様式は多様で個性的な人間の論理に立脚すべきで、資本の論理を貫徹させるべきではない。資本の論理の貫徹による「近代化」こそが人間の幸福を約束する、という前提そのものが、大きな誤りなのである。堤はこのように説いて、流通革命の隘路を強調した。

堤の言葉を引きながら、もう少し詳しく彼の意図を確認しておこう（『中央公論経営問題』一九七九年一一月）。

いわゆる「流通革命」といわれるものは六〇年代のそれで、当時の大量生産・大量消費という日本経済の構造変化に対応して、いかに流通チャンネルを近代化するかにあったといえる。具体的には、流通を組織化し、大規模化し、小売業についていえば経営をマニュアル化し、チェーンオペレーションを展開する。そのことによって小売業を装置産業化し、流通のオペレーションそのものを規格化し、近代化を達成する。その原型は、T型フォードの製造に代表される量産志向・画一化の考え方にあり、さらにいえば、流通というきわめて人間臭い世界に資本の論理を貫徹させようという考え方だった。／私はその考え方に、基本的な思いちがいがあったと思う。というのは、流通というのは一面、資本の論理を受けて近代化していかねばならない側面と、もう一つは資本の論理にはついに吸収され得ない人間の論理、個人の消費生活という側面と、この二つが共存している。その意味で流通産業は本質的にマージナル（境界領域的）な産業といえる。どこまで資本の論理を貫徹させるべきであるか、どこからは資本の論理を貫徹させるべきでないか、その見きわめがつかないままに、一方の極を追い求めたところに、基本的な問題点の一つがあったように思う。

堤は、さまざまな機会をとらえて、生活様式の画一化に帰着する流通革命論の不条理さを強く批判した。流通革命の発想では、「一億人の人が皆同じセーターを着れば近代化が完成したことに」なり（『国民』一九八二年九月）、「日本の全人口一億人が一斉に起床し、一斉に同じ朝食を摂り、一斉に同じ服装で同一の行動をするということになり」（堤一九八一）、「生活様式の統制は、多くの国々の歴史にもみられるとおり、必らず風俗の統制から思想の統制、言論の統制へと進んでゆく」ことになる（『ＲＩＲＩ流通産業』一九七四年五月）。それでは困るというのが、人間の論理なのだ、と。

興味深いことに、人間の論理への視線は、現在でいうまちづくりの問題にも連なっていた。当時、急速な拡大を遂げていく総合スーパーが、その出店に際して地域商業の激しい反対にあうという、いわゆる大型店紛争が各地で起こっていた。堤は大型店紛争に関して、「スーパーの進出によって、古い街並みが壊れようと姿を消そうとお構いなしに、資本の論理だけで地方に出ることは、いかに地方の都市計画を混乱させているか、はかり知れないものがある」という認識を示しつつ(『中部財界』一九七九年一二月)、次のように説く(『RIRI流通産業』一九七四年五月)。

生産者であれば、商品をつくること自体、社会的に必要であるが、しかし、商品をつくる過程で公害を発生させてもよいということには決してならないのと同様に、小売商業が大規模化していくことは重要な課題であるが、店舗をつくる場合に都市計画を混乱させてもかまわないということには決してならないのである。小売商業も大規模化すればするほど、大きく社会的視野を広げる必要性が出てきている。

現在の目からすると、この堤の認識は慧眼というほかなく、流通史上の論点をさまざまに喚起される刺激的なものである。公害問題と大型店紛争をともに資本の論理の横暴から引き起こされたと見る堤の視線は、一九七〇年代における生活の質をめぐる問いの深さを捉えていたと言えよう。

では、実際の事業展開については、どう評価できるだろうか。

一九五四年に堤清二が営業部付で西武百貨店に入社した際、父・康次郎に次の三つの条件を提示した（西武百貨店労働組合一九八八）。①労働組合をつくること、②財務経理を整備すること、③大卒社員の定期採用を始めること、である。実際に入社後、西武百貨店従業員組合の結成（五四年一二月）、大卒男性社員の定期採用一期生入社（五六年四月）、「部門別の損益管理を徹底」させるためのシステムづくり、という形でいずれも実現を果たした（御厨ほか編二〇一五）。

しかし、宣伝に関しては、父・康次郎の意向が強く、入社当初は自由にさせてもらえない状況が続いた。「特売の宣伝とか、値段が入ったものならいい」が、「いわゆるイメージ宣伝は一切認めなかった」という（御厨ほか編二〇一五）。堤清二が主導権をとる形で積極的な広告宣伝を本格化させるのは一九六〇年代以降で、儲けるための宣伝ではなく、消費者へのメッセージとして洗練されたイメージを届けるという意味づけがなされた（由井ほか二〇一〇）。

当時の西武百貨店は、食品や雑貨が中心で、「衣服、洋品類ではお世辞にも〝一流〟とはいえなかった」とされ、「日曜日などは特に、大食堂が練馬の自衛隊員や、家族づれ、女学生たちで賑わうところから、誰いうとなく〝ラーメン・デパート〟の愛称？があった」といわれる（『暮しの夢のフロンティア』フジ・インターナショナル・コンサルタント出版部、一九六二年)。堤清二は、「〝駅前ラーメンデパート〟などと呼ばれていた会社を一流にしたい、それには経営、営業の質の向上と並んで、文化のイメージが大切だ」と考えていた(辻井二〇一二)。

実際に、彼の個人的な芸術志向も手伝って、西武百貨店はヨーロッパ絵画展などの文化催事に成果を挙げ、西武美術館の開館(一九七五年)に至ったほか、イヴ・サンローラン(六二年)、エルメス(六五年)、ルイ・フェロー(六八年)といった海外ブランドの積極的導入を図ってイメージ向上に努めた。

イメージ戦略を重視する堤の考えは、パルコでも貫かれた。

パルコの事業は、一九六九年の池袋パルコの開業に始まり、七三年に渋谷パルコがオープンした後、札幌(七五年)、岐阜、千葉(七六年)、津田沼、大分(七七年)、吉祥寺(八〇年)、新所沢(八三年)といったかたちで、全国に展開した。

パルコは百貨店と異なり、ファッションビルとしてテナントを編成する業態のため、テーマと主張性をもった明確なコンセプトを設定し、ビル全体の収益最大化に取り組んだ(由井編一九九一a)。テナントミックス、店舗設計、広告宣伝などに注力し、買い物空間そのものを売ることが、パルコという事業の肝だったのである。

そのため、パルコにとってイメージ戦略は決定的な意味を持ち、実質的に経営を任された増田通二《つうじ》（1926〜2007）のもとで、自由な発想による広告宣伝が行われた。前衛的なイメージを前面に打ち出す斬新なテレビ・コマーシャルは注目を集め、さっぱり意味がわからないことを「話がパルコ」と表現することが流行するほどであった（加藤・大石二〇一三）。「パルコの宣伝活動は、ファッションの根源的な渇望に対し、先端的イメージアジテーションを発信し、そこに湧きたつエモーションを街へパルコへと引き寄せ、増幅させるという感覚運動である」という考えのもとで取り組まれたという（アクロス編集室編一九八四）。

こうしてパルコは西武百貨店とともに、グループ内の広告事業を牽引していく。小池一子（1936〜）、石岡瑛子（1938〜2012）、田中一光《いっこう》（1930〜2002）、糸井重里（1948〜）らのクリエーターも活躍した。一九八〇年代になると堤清二は、「物品販売だけでは不十分」で「情報とか感性を売る時代」になったとして（『朝日新聞』一九八七年四月五日付）、「パルコへ買いに行くのではなく遊びに行く、情報価値を吸収しに行く」のだと語っている（『インシュアランス』一九八一年一二月）。

広告コピーの傑作として名高いのが、一九八二年に西武百貨店の広告で使われた「おいしい生活。」である。コピーライター・糸井重里の手によるこのコピーは、必要だから買うのではなく、買ったらおもしろいことを訴求をするもので、糸井自身も、おいしいことに理由はなく、好きなものは好きだというメッセージである、と語っている。必要性ではなくおもしろさの視点に立つことで、消費者の能動性を支援する広告であったと評される（加島二〇一四）。

この「おいしい生活。」というコピーに関して、堤清二は、婦人団体から「厳粛であるべき生活がおいしいとは何事であるか」と「怒られ」た、という回想を残している（御厨ほか編二〇一五）。一九七〇年代の生活の質をめぐる問いの深さを知る彼は、なぜ怒られたかをよく理解できたに違いない。

たしかに「おいしい生活。」として、消費者の能動性を記号的消費のなかで発揮することも、個性的な消費に向かう人間の論理の発露である。しかし、実業家引退後に著した『消費社会批判』（一九九六年）のなかで、自己批判を含む消費社会批判に向かったのは、そのこと自体に彼自身も違和感を感じていたからであろう。

実際に、堤は一九八〇年代に入る頃から、「あれ、私がやっていることは、いったい何なんだろう。本当にいいことをやっているのか、どうなんだ」、「私はここで何をやっているのかな」、「このまま行っていると有害なことをやることになるぞ」と、「自分自身で思い始め」ていたという（御厨ほか編二〇一五）。

こうした自身の事業展開への違和感は、無印良品の展開に向かう一つの原動力となっていた。

無印良品の歴史的前提

無印良品の歴史は、一九八〇年に西友のプライベートブランド（PB）商品として、家庭用品九品目・食品三一品目が発売されたことに始まる。PB商品とは、流通業者が企画して独自のブランドで販売する商品である。無印良品の歴史的前提としては、六〇年代からのPB商品開発と、七三年に設立された商品科学研究所の役割が重要であった。

一九六〇年代から総合スーパー各社でPB商品の開発が始まり、ダイエーが先行し、西友ストアーは六〇年代末から、イトーヨーカ堂は七〇年代から取り組んでいた（由井編一九九一a）。当初、多くのPBは、メーカーと小売業者を併記したダブルチョップという方式で、メーカーのナショナルブランド（NB）を一〇%程度安く売ることに主眼が置かれた。しかし、七〇年代半ばから各社は、メーカーブランド名を外したPB開発に取り組むようになった。

西友でも、一九七五年に西友お茶漬けこんぶや西友とろろ昆布を発売した。七七年には料理素材缶詰が予想を大きく上回る売れ行きを示したため、同年からSEIYU LINEをPB商品の総合ブランドとして採用することを決定した。料理素材缶詰は、うらごしかぼちゃのように、そのままスープやケーキなどの材料に使えるという缶詰で、NB商品の模倣や廉価版という性格のPBとは根本的に発想が異なる。以後、西友のPB商品開発は、生活者の声を反映させ、高品質な商品をリーズナブルな価格で提供するというコンセプトで進められた。

こうした商品開発のコンセプトを支えたのが、商品科学研究所の活動である。

商品科学研究所は、一九七三年一〇月に西武流通グループの「企業利益の社会的還元」の一つとして、堤清二の肝いりで設立された（由井編一九九一a）。経費は西友ストアーと西武百貨店で負担するが、独立の研究機関として自主的な運営を任された。初代所長には、三枝佐枝子（1920〜2023）が就いた。三枝は『婦人公論』初の女性編集長を務めた人物として知られ、一九六八年に退職していたが、堤清二に請われて商品科学研究所の初代所長となり、その活動に注力していく。理事には、社会学者の加藤秀俊（1930〜2023）や、女優の高峰秀子（1924〜2010）ら各界の有識者と、堤ら西武関係者が名を連ねた。

三枝佐枝子

商品科学研究所の活動の柱は、テストキッチン・コアを中心とした商品テストと調査研究にあった。テストキッチン・コアとは、「家庭の主婦が年会費を払い、商品の勉強会に出席したり商品テストのモニターに参加するというユニークな組織」とそのための施設のことで、スウェーデン生協によるテストキッチンをモデルとして、実際に家庭で使う状態でテストする方式をベースとした（『Two Way』一九九八年四月）。コアでの既存商品の比較研究をもとに、商品の改善や新商品の開発につながることも多かった。

無印良品を開発するきっかけも、コアでの活動にあった（由井編一九九一b）。コアで料理素材缶詰のマッシュルーム缶詰の試作品を検討した際に、西友の商品開発担当者と、メーカー、テストキッチン会員主婦によるディスカッションが行われ、その場で主婦から「マッシュルーム（ホール）は丸ごとなのに、何故スライスはカサの両はじをカットするの？」との発言が出た。この発言から、①商品化による素材の無駄、②加工工程の増加による余計なコスト、③使い手にとっての必要性の有無、といったポイントへの気づきが生まれ、高品質のものを低コストで調達し、使い手にとっての機能追求で低価格化していく無印良品のコンセプトが固まっていった。

表2－9には、初期の無印良品の代表的商品を挙げてある。無印良品のコンセプトは「わ・けあって、安い。」というわかりやすいコピーでアピールされたが、代表的商品それぞれのコピーにも「わけ」が付記されていたことがうかがえる。

こうしたコンセプトは、堤清二のマージナル産業論からすると、交換価値ではなく使用価

時期	アイテム数	代表商品	コピー
第1次 1980年12月 ～81年1月	家　9	12ロール トイレット ペーパー	ご家族用ひと包み。
	食　31	われ椎茸	大きさはいろいろ割れもありますが風味は変わりません。
第2次 1981年4月	家　3	紙ゴミ袋	ラミネート加工を省きましたが、耐水には工夫しました。
	食　9	無添加 のり浅炊	生のりの選別を省き塩分糖分を減らしました。
第3次 1981年10月	衣　23	婦人ソックス 5足組	生成りのままの風合を生かし、さらに、染色工程を省いています。
	家　16	わら半紙	裁断時のムダになる部分を活用しています。
	食　9	ポテトチップ	原料の選別を省きました。おいしさは変わりません。
第4次 1982年4月	衣　19	ベビーパイル パジャマ 2枚組	余分な飾りをはずしお安くなりました。
	家　15	敷ふとん	生成りの風合を生かして、無地のふとんかわで包みました。
	食　4	味付 ピーナッツ	中国国内で製造された原料を利用しているため加工費が安くなっています。
第5次 1982年9月	衣　5	男女児長袖 トレーナー	刺しゅうなど余分な飾りをはずしました。
	家　93	自転車	軽装備のタウンサイクル。色、部品で個性が楽しめます。
	食　8	かんぴょう	長さを揃えたりシワを伸ばす手間を省きました。
第6次 1983年4月	衣　48	婦人ストレートパンツ	もめんの風合を生かし、染色工程を省きました。
	家　128	木製ユニット 家具	3つの箱と5枚の板の組み合せで、さまざまな家具が作れます。
	食　30	種ぬき プルーン	小粒の実を使いました。
第7次 1983年9月 ～10月	衣　79	婦人アルパカ 混ウールセーター	染色工程を省き、生成りの風合を生かしています。
	家　231	平織シーツ	自然の風合が生きる生成りの綿ブロードです。
	食　33	栗むし ようかん	割れ栗、中国産小豆を使い、砂糖を減らしました。

表2-9　無印良品の開発（1980-83年）

（出所）由井編（1991b）により作成。

値に即した商品の見直しという方向から成果を得たものと言える。堤自身、無印良品には「「反」資本の論理」という発想があったと回想している（御厨ほか編二〇一五）。あるいは、デザイン担当の田中一光による無印良品というネーミングの妙もあって、ノーブランドでありながらしだいにブランドとしての認知を獲得していくが、堤自身は「無印は使用価値だけで売れないと困る」と、ブランド化に向かうことを強く警戒していた。

本書の関心からすると、以上の経緯で最も注目されるのは、商品科学研究所の存在である。商品科学研究所は、一九七〇年代の生活の質をめぐる問いに、堤清二が深く向き合ったがゆえに生まれたものだったからである。以下、このことの含意を、少し時間を巻き戻しながら確認する。

コンシューマリズムへの理解

堤清二は、コンシューマリズムの歴史的性格を正確に理解していた。たとえば、一九七一年の新聞記事で、次のように語っている（『朝日新聞』一九七一年三月一七日付）。

資本はほうっておくと、最大利潤を求めて消費者を忘れる欠点がある。また、いままでのわが国の資本主義は、生産さえあげれば人間はしあわせになれるというきわめて素朴な考えに基づいていた。これを改めさせる社会的な対抗勢力が必要になってきたのだ。そういう点で、コンシューマリズムは歴史的必然性を持っている。価格引下げなどの経済運動であると同時に、社会運動、文明論的な運動だ。公害反対運動とか住民の権利擁護の戦いと根底は同じところにある。わが国の資本主義に体質転換を迫る最初の無視し得ないのろしなのだ。

同じ記事で、先に見た一九六〇年代的な流通革命への批判も展開される。スーパー（＝「量販店」）がメーカーから価格決定権を奪おうとするのは「思い上り」で、価格を決めるのは「消費者」だとして、「消費者に自信を持って見せられる商品試験室のある量販店は、一社もなかったではないか」と語気を強めている。

さらに、一九七三年には、コンシューマリズムに対する企業の対応のあり方について、次のように述べている（『民放』一九七三年一二月）。

住民運動と消費者パワーという問題が急速に発生をしてまいりました。これは個人個人の権利の自覚と、格好よくいえばいえるわけで、その社会の運動の歴史の中では一つの歴史的な必然性と役割りがあるわけです。これらの住民運動に対してもやはり残念ながら企業側がしばしば対応を間違えておりまして、これはある一定の政治的なプログラムにもとづく宣伝、扇動によるんではないかなどというふうに、思い込むことが多い。しかし、これはオリゴポリー〔寡占〕状態に対する本能的なカウンタベリング・パワー、社会的拮抗力の発動みたいな一種の必然性をもった運動でございます。

これに続けて、「企業に対する批判者を自分の内部に持つことが、やはりこれからの企業活動にとっては一つのスタビライズ・システムになる」と語り、「消費者パワー、あるいは住民運動というものと、企業とがどう敵対関係ではない関係をつくり上げていくか」が重要だと説いている。

ここまで見てくれば、一九七三年に設立された商品科学研究所が、コンシューマリズムへの対応として構想されたのだと理解できよう。同時期、日本企業が消費者対応部門の整備に乗り出していくことは次章で見る通りであるが、堤清二は、そうした企業内の消費者室や消費者相談室などと対比しながら、外部の目で運営される商品科学研究所をより望ましいかたちだと自負していた（『月刊国民生活』一九七五年五月）。

商品科学研究所のパンフレットには、次のような一節がある（『生協運営資料』一九八二年一月）。

大量の工業製品でみちあふれている現代社会、商品の世界は売り手の視点から構成され、現代の商品市場の中で、生活者の立場はしばしば無視されている。いま、必要とされているのは売り手の視点から構成されている商品の世界を生活者の視点から、見つめなおし再構成することだ。

ここにある生活者という言葉には、堤の言う人間の論理が込められている。

そもそも実業家・堤清二にとっては、すべての事業がもちろんビジネスであって、社会運動家として生活者の人間の論理を追求していたわけではない。そして、そのような立場に立つ限り、マージナル産業としては、資本の論理を根源的に否定する方向ではなく、人間の論理を資本の論理に埋め込むことを通じて、資本の論理の再編成を図る方向しかない。商品世界を生活者の視点から再構成しようとする商品科学研究所の取り組みが、ノーブランドのブランド化という矛盾をはらむ無印良品の展開に結びついたことは、そうした資本の論理の再編成という矛盾に満ちた営みのプロセスにほかなるまい。

ただ、見方を変えれば、再編成された資本の論理には、生活者の視点を埋め込むしくみが、たしかに備わっているということでもある。そこには、生活者としての消費者がそう望むのであれば、資本の論理の行く先を人間の論理に即して方向づけていく可能性も開かれている。一九七〇年代の生活の質をめぐる問いは、企業と消費者とのこうした関係性を創り出すことに、たしかにつながったのであった。

以上、本章では、消費者という言葉への違和感が、生活者への呼び換えに向かう歴史を見た。画一的な大量消費は、環境問題に対する消費者の加害責任の観点だけでなく、個性化に向かう人間的な欲求という消費者の利益の観点からも否定されたのである。生活者への注目が、資本主義のオルタナティブを求める実践と結びついたことも、この時代の特徴であった。

しかし、平成バブルの崩壊を経て時代は一変する。章を改めて、具体的に見ていこう。

第3章　お客様の満足を求めて
――一九八〇年代後半〜二〇〇〇年代

一九八〇年代後半からバブル景気に沸くなかで、海外旅行者の増加、スキーリゾートの賑わい、高級車ブームなど、人びとは旺盛な消費意欲を示した。しかし、バブルが崩壊して一九九〇年代から長期経済停滞の時代に入ると、一転してそうした明るさは失われた。

ポストバブルの時代には、外食チェーンが相次いで値下げを発表し、デフレの象徴とまで呼ばれるようになる。たとえば、吉野家の牛丼（並盛り）は、一九九〇年に一杯四〇〇円であったが、二〇〇一年には二八〇円にまで値下げされ、マクドナルドのハンバーガーも、一九八五年に二一〇円だったところから、二〇〇〇年に六五円まで値段を下げている。

長期経済停滞のもとで雇用不安が広がり、二〇〇八年の年末には「年越し派遣村」が東京・日比谷公園に開設された。米国の投資銀行リーマン・ブラザーズの破綻を契機とする不況、いわゆるリーマン・ショックの影響により、仕事や住む場所を失った非正規労働者を支援する取り組みであった。一億総中流とまで言われた中流意識の広がりは過去のものとなり、日本社会を格差社会と見る認識が広がっていく。

この間、少子高齢化が急速に進展し、二〇〇〇年代には人口の増加が頭打ちとなって、人口減少社会へと転じた。財政面では、社会保障支出の増大につながり、一九八九年には、安定財源の確保を狙いとして消費税が導入された。税率三％からのスタートであったが、一九九七年に五％へと引き上げられた。その後も経済の低迷により、財政健全化に向けた取り組みが困難に直面してきた結果、二〇一〇年代にさらなる消費税率の引き上げに至っている（二〇一四年に八％、二〇一九年に標準税率一〇％・軽減税率八％）。

以下、本章では、平成バブルから長期経済停滞へ転じた日本経済を概観したうえで、規制緩和という政策課題が急浮上し、それが消費者利益に結びつけて語られた状況を確認する。そして、規制緩和が取引主体としての消費者像を焦点化させ、消費者を自己責任の主体とした一方で、企業レベルでは顧客満足の追求という課題に取り組んだことを確認する。

そのうえで、セブン-イレブンの事例を詳しく取り上げながら、徹底したお客様視点がどのような意味で画期的であり、またそこにどういう問題点が含まれていたのかを見ていく。

最後に、企業の消費者対応部門について、ACAP《エイキャップ》（消費者関連専門家会議）という団体の活動に注目し、お客様相談室が整備されるプロセスを確認する。
以上を通じて、お客様という消費者像の歴史的意味を探ることが、本章の課題である。

1　長期経済停滞への転換と消費者利益

平成バブルから長期経済停滞へ

一九八五年のプラザ合意で、アメリカの対外不均衡の原因であるドル高の是正が先進五カ国の間で合意されたことを受けて、以後、ドル安・円高が急速に進展した。一九八六年の円高不況から回復した日本経済は、八八年頃から景気過熱へと向かい、株価と地価の急騰によるバブル状態となった。

これに対して、一九八九年五月から公定歩合が段階的に引き上げられるとともに、九〇年四月から土地取引に対する総量規制が実施された。それにより、地価と株価が急速な下落に転じるとともに、設備投資は縮小して景気後退へ向かった。バブルの崩壊である。

以後、一九九〇年代初頭からの日本経済は、長期経済停滞の時代を迎えた。GDP実質成長率は、一九九〇〜九四年平均で二・二%、一九九五〜九九年平均で〇・八%、二〇〇〇〜〇四年平均で一・五%、二〇〇五〜〇九年で〇・〇%と低迷を続け（橋本ほか二〇一一）、

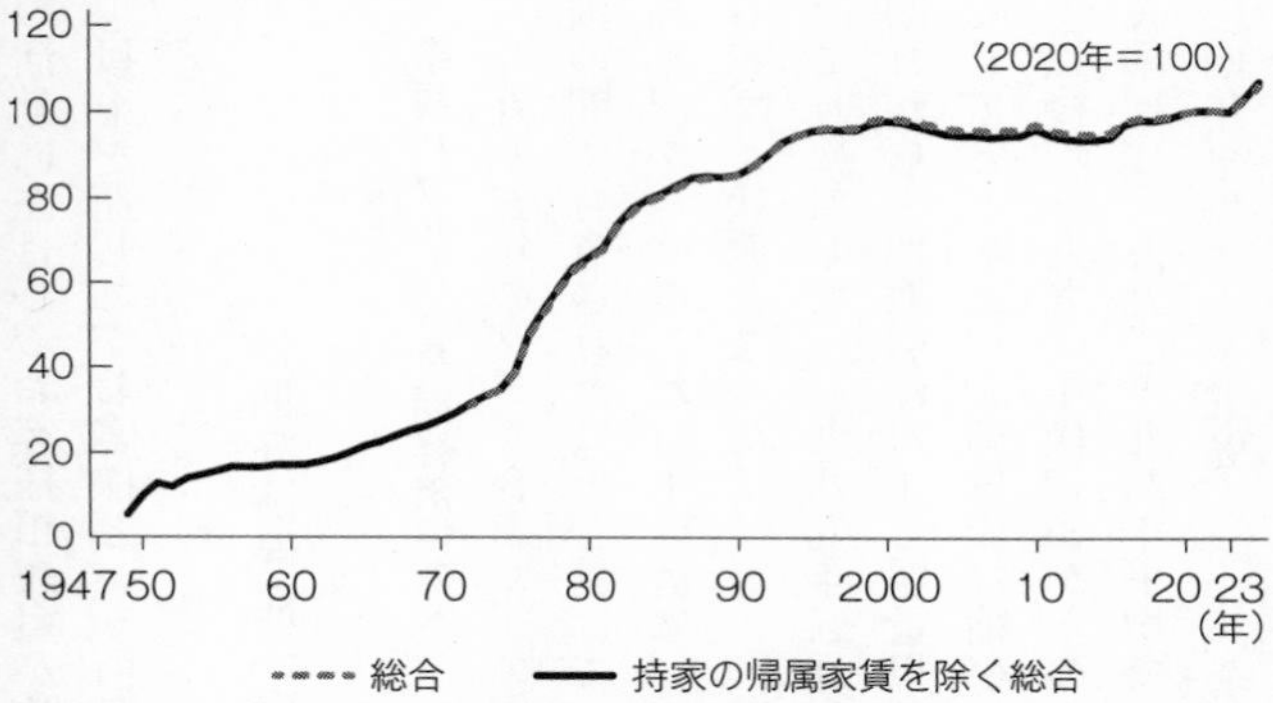

図3-1　消費者物価指数の推移（1947-2023年）

「失われた一〇年」と呼ばれた停滞状況は「失われた二〇年」へと延びていった。

図3－1が示すように、消費者物価は一九九〇年代に入る頃から上昇しなくなり、戦後日本における物価上昇の時代は歴史的終焉を迎えた（「二〇二〇年基準消費者物価指数」）。価格破壊や価格革命といった言葉が踊り、デフレ基調への転換という新しい時代へと突入したのである（橋本二〇〇二）。

産業構造も大きく変わり、製造業の比重が低下し、第三次産業の比重が高まった。就業者で見れば、製造業が一九九〇年には一四六四万人で、全体の二三・七％を占めたところから、二〇一五年には九〇八万人へと減少し、構成比も一五・四％へと大きく低下した。第三次産業の就業者は一九九〇年に三六四二万人で、全体の五九・〇％とすでに大きな比重を占めていたが、二〇一五年には四〇〇七万人、構成比で見ると六八・〇%へと、さらにその比重を高めている。

このように、広義のサービス産業である第三次産業の比重が高まる変化は、サービス経済化と呼ばれる。一般に、サービス産業は製造業に比べて生産性が低く、持続的な経済成長を牽引する力が弱い（武田二〇一九）。対人サービス分野では、技術革新による労働生産性の上昇に限界があり、生産性上昇の努力は、雇用条件や賃金水準の切り下げに直結しやすいため、安定した雇用を創出する力も弱い。

高度経済成長期の機械工業化が、「投資が投資を呼ぶ」メカニズムをもって日本経済の成長を力強く牽引したことに比べれば、サービス経済化の展開に、持続的な高成長をもたらすメカニズムを見出すことは難しかった。

製造業の分野に即して見ても、グローバル化の進展に伴い、東南アジアや東アジアが急成長を遂げるなかで、工程間分業の国際化が進んだ。グローバル化が国内産業の空洞化をもたらすとともに、グローバルな低賃金競争の圧力が国内にも強く及んだ。

長期経済停滞のなかで、経済政策としては、市場メカニズムの重視による経済システムのトータルな見直しが進んだ（浜野ほか二〇〇九）。一つの契機は一九八〇年代からの日米貿易摩擦である。貿易摩擦が深刻化するなかで、アメリカは規制緩和による市場開放を強く要求した。これが財政赤字の解消を目的とする行財政改革と結びつき、やがて構造改革として取り組まれていく。

企業経営のレベルでもさまざまな改革が試みられ、株式持合の解消、メインバンク関係の弱体化、株主利益を重視する経営などが進められた。金融自由化やコーポレートガバナンスをめぐる制度整備も進んだ。雇用システムの見直しも進められ、非正規雇用が広がる一方で、正規雇用にも成果給・業績給の導入が図られた。

格差社会の不安と生きづらさ

こうして雇用の不安定化が進んだことは、企業社会と近代家族の結びつきからなる戦後日本社会の編成原理にも決定的な影響を与えた。近代家族という家族像が理想とする性別役割分業規範は、ジェンダー不平等による抑圧の作用を強めていく。

一九八五年成立の男女雇用機会均等法は、性別により差別されず職業生活を送れることを目的としたが、企業は総合職と一般職からなるコース別人事管理制度を作って対応し、正規雇用のなかでの実質的な女性差別は温存された。多くの女性はケアを負わされたまま、不安定な非正規雇用のもとでサービス経済化を支えることを強いられた（上野二〇一三）。

内閣府の「国民生活に関する世論調査」によれば、「あなたは、日常生活のなかで悩みや不安を感じていらっしゃいますか」という設問に対して、「感じている」と答えた人の割合は、一九八六年には四八・七％であったが、これが二〇〇九年には六八・九％にまで大きく増加している。どのようなことに悩みや不安を感じているかという追加設問に対しては、二〇〇九年調査の回答（複数回答）上位が、①「老後の生活設計」（五四・九％）、②「自分の健康」（四九・二％）、③「今後の収入や資産の見通し」（四三・九％）の順となっている。

また、「お宅の生活は、これから先良くなっていくと思いますか」という設問に対して、「悪くなっていく」と答えた人の割合は、一九八六年には一四・二％であったが、二〇〇九年には三二・三％にまで増加した。この間の調査結果からは、一九九〇年代半ばを境に、「良くなっていく」と答えた人との割合の逆転が確認できる。

このように、ポストバブルの時代は、雇用不安が広がり、経済成長への展望も描けず、生活への不安が広がる時代であった。少子高齢化の進展から人口減少社会へと向かうなかで、多くの人びとが格差社会に生きづらさを抱える時代となったのである。

規制緩和と消費者利益

以上に概観したなかで、本書の関心から注目されるのは、規制緩和をめぐる動向である。

規制緩和は、貿易摩擦に伴うアメリカの市場開放要求と、財政赤字の解消を目的とした行財政改革の必要性が結びつくかたちで構造問題として取り組まれたが、長期経済停滞が続く状況のもとで、景気回復や経済成長という目的のために必要な政策として位置づけられるに至った。しかしながら、日本経済の推移に照らすと、結果としては成長促進効果に乏しく、むしろ社会構造の不安定さを増幅したものとも評価される（寺西二〇一〇）。

興味深いことに、一連の規制緩和の取り組みでは、その経済的意義が消費者利益に結びつけられるかたちで繰り返し強調された。

たとえば、一九八九年からの日米構造協議で、アメリカは貿易不均衡の原因を日本経済の構造的問題にあるとみなし、大店法（大規模小売店舗法）、系列関係、排他的取引慣行、価格メカニズムなどの改善を要求した。アメリカは、それが「日本の消費者の利益」のためになると説いた（佐々木毅「論壇時評」『朝日新聞』一九八九年一二月二七日付夕刊）。

日本側は日米構造協議を受けて、一九九〇年六月に政府が報告書「流通・取引慣行とこれからの競争政策」をまとめたが、その副題には「開かれた競争と消費者利益のために」という文言が使われ、競争の促進が消費者利益にかなうと強調した。これを報じた新聞も、「日米構造協議の本質は、生産者、供給者第一主義で組み立てられてきた日本の社会構造を消費者優先に切り替えることにある」ため、「報告書が、消費者利益と外国からの競争機会の確保という視点から」まとめられたことを「評価」したい、と受けとめている（『朝日新聞』一九九〇年六月二五日付)。

日米構造協議の焦点の一つは、大店法の問題であった。アメリカが競争制限的な規制だとして撤廃を要求したのに対して、大型店からなる日本チェーンストア協会は、消費者利益に沿うものとして撤廃に賛成している(『朝日新聞』一九九〇年三月一七日付)。結果から見ると、日米構造協議によるアメリカの圧力は、大型店規制の緩和に向かう重要な転機となり、二〇〇〇年には大店法が廃止された(石原編著二〇一一)。

その後も、規制緩和は消費者利益のための政策として意味づけられ、総じてメディアもこれを好意的に報じた。規制緩和は「消費者利益の観点に立って、非効率な既存事業者の温存を避け、活力ある新規参入者を歓迎するとの考え方」によるものとされ(『朝日新聞』一九九六年一二月六日付)、「〔一九〕九五年度まで六年間に、規制緩和が消費者にもたらした利益を金額で換算すると年度平均で四兆円を大きく上回る」という総務庁『規制緩和白書』の推計も、好意的に紹介されている(『読売新聞』一九九七年一二月五日付)。

求められる自己責任

同時に規制緩和は、消費者に対して自己責任を求めた。

たとえば、一九九三年に首相の私的諮問機関である経済改革研究会(座長・平岩外四《がいし》経団連会長）がまとめた報告書は、「価格規制、参入規制などの経済規制は原則として廃止」とし、さらに「消費者保護や安全・環境基準などに関する社会的規制は自己責任を原則に最小限に」する方針を打ち出した。

これを報じた新聞も、「消費者を保護する安全、環境規制などは今後とも欠かせない」が、「規制緩和を要求しながら、何か問題が起きると、政府の責任ばかり追及するようではいけない」として、「規制緩和の時代は、自分で自分を守る心構えを一層、消費者に求めている」との受けとめを示している（『読売新聞』一九九三年一一月九日付）。

消費者行政でも、以下のような考え方に沿って、規制緩和の流れに応じる方針が打ち出された（経済企画庁編『ハンドブック消費者』一九九四年）。

現在、生活者・消費者重視の視点から、規制緩和の推進など、旧来の制度や慣行を抜本的に見直し、創造的で活力のある経済社会システムを構築することが求められており、これにより、自由な競争が促進され、商品・サービスに対する消費者の選択の幅が拡がることが期待されています。／こうした中で、消費者一人一人の生活が、質の高いゆたかなものとして実感できるようにしていくためには、消費者が自己責任の考え方に立って必要な情報を収集・選択し、主体的かつ合理的に行動することが不可欠です。／さらに、企業においては消費者志向をより一層強めることが期待されるとともに、行政においては新時代にふさわしい消費者政策の推進に努める必要があります。

規制緩和による利益の恩恵にあずかるためには、消費者の自己責任が必要だというかたちで、取引主体としての消費者に自己責任を求めていたことがうかがえよう。

一九九〇年代後半に、規制緩和を議論する政府系委員会の場で、規制緩和＝消費者主権とする認識が示されていたとの指摘がある（斉藤二〇一三）。消費者被害があることは事実だとしても、不安だからと消費者が選択を避けては何も変わらない、という趣旨の発言もあったとされる。

そこでの消費者主権の理念は、市場原理を支える消費者の責任に力点を置くものである。財やサービスを購入するかどうかは消費者の選択に委ねられるため、消費者が自己責任を回避すると市場原理の働きを損なう。こうした論理を媒介として、消費者が自己責任を引き受けようとしないから規制緩和が進まないのだ、という方向に議論が展開していったのである。

消費者団体の戸惑い

規制緩和をめぐる一連の流れのなかで、消費者団体は大きな戸惑いを隠せなかった。

たとえば、日米構造協議に際して、全国消費者団体連絡会の橋本進司事務局次長は、「いきなり、消費者の利益、という言葉が飛びかい戸惑っている。しかし、その割には、消費者の利益とは何か、という定義がはっきりしていない」とコメントしていた（『朝日新聞』一九八九年九月六日付）。主婦連の清水鳩子事務局長も、「必ずしも、価格競争で安くモノが買えることだけが、消費者の利益とは限らない」としたうえで、「安くても危険な食べ物では利益にならない」と発言していた。価格の引き下げにつながる動き自体には賛成だが、安全性が犠牲になることには反対する、と受けとめていたのだとわかる。

しかし、規制緩和は同時に、消費者の自己責任を求めたため、消費者保護を要求する態度自体に、強い批判が向けられる。実際に、「今日の一部の消費者は何かというと「役所が悪い、政治が悪い」と言い、必ず「役所は何もしていない」と続く」、「消費者利益を守ることを主張しながら、奇妙に役所の権限強化につながる行動を繰り返している」といった批判がなされた（『日本経済新聞』一九九〇年七月八日付）。「「お上頼み」の消費者運動は壁にぶつかっている」とも言われ（『朝日新聞』一九九三年一一月六日付）、運動を通じた政府への要求そのものが自己責任に反するとの見方が強まった。

他方、一九七〇年代の生活の質をめぐる問いをくぐり抜けてきた消費者運動では、消費者利益が複雑な内実をもつことへの理解が深まっていた。

たとえば、アメリカによるコメの市場開放要求に関わって、一九九三年に部分開放が実施されたが、このプロセスで日本の消費者団体は、開放反対の立場でほぼ一致していた。わずかに日本消費者協会だけが、「自由化で競争が生まれ、消費者にも生産者にもプラスになる」との理由でゆるやかな開放に賛成したが（『朝日新聞』一九九三年一二月一一日付夕刊）、その他の消費者団体は、力点に違いはあれども、安全性や食料自給の観点、あるいは環境保護や「歴史と風土に根ざした食生活」を守ることにつながる、という理由からコメの市場開放に反対した（原山二〇一一）。

こうした消費者団体の態度は、価格の引き下げだけが消費者の利益ではない、という理解に基づく。しかし、このときの一般消費者に対する世論調査では、市場開放の賛否が拮抗しており、開放反対の立場に偏る消費者団体のあり方は、必ずしも一般消費者の利益を代表しているとはみなされなかった（『朝日新聞』一九九三年一二月一一日付夕刊）。消費者団体の代表性は、消費者利益の内実をめぐっても揺さぶられたのである。

さらに、消費者団体は会員数の減少に見舞われていた。

消費者団体会員数（「広域団体」）は、一九八五年度には一二六五万人であったが、二〇〇〇年度には七六二万人へと大きく減少している（『消費者団体基本調査結果』二〇〇九年）。たとえば主婦連でも、一九九〇年代には「地域組織の会長が高齢で辞めると会そのものが消え

	総件数	主な内容別割合（複数カウント）									
		安全衛生	品質機能	法規基準	価格料金	表示広告	販売方法	契約解約	接客対応	買物相談	生活知識
1970年度	31,410	25.5%	48.3%	—	3.8%	10.1%		12.5%		—	—
1975年度	109,673	26.7%	40.6%	2.0%	7.1%	5.6%		17.9%		6.4%	—
1980年度	143,804	15.5%	32.7%	1.6%	6.9%	4.0%		35.8%		7.3%	—
1985年度	330,715	5.4%	19.2%	2.6%	5.2%	1.5%	22.4%	47.9%	7.1%	7.3%	3.8%
1990年度	315,334	5.5%	21.7%	4.1%	10.0%	2.3%	22.5%	45.6%	9.9%	5.8%	4.1%
1995年度	475,626	3.3%	17.5%	4.0%	12.0%	3.0%	30.6%	54.7%	9.2%	4.0%	2.6%
1999年度	636,050	2.6%	14.7%	3.9%	12.6%	2.7%	34.6%	60.0%	8.6%	2.4%	2.0%

表3-1　国民生活センターに寄せられた消費生活相談

（出所）鈴木（2010）により作成。
（注）内容項目のうち、「その他」ならびにほとんどの年度で1%以下である「計量・量目」「包装・容器」および「施設・設備」は省略されている。

てしまう」事態に直面していた（『日本経済新聞』一九九三年一二月一二日付）。

消費者団体の退潮は、アマチュア女性によるボランタリーな活動の限界によるところが大きかった。消費者＝主婦という認識に依拠してきた活動のあり方は、男性を運動に引き込むことを妨げ、たとえば主婦連が規約改正で男性の入会を認めたのは、ようやく二〇〇〇年になってからであった（『読売新聞』二〇〇〇年七月六日付）。また、主婦連の商品テストは、一九九八年に、主婦会館の建て替え時に試験室を設けないこととして廃止されたが、「設備や費用の点で、一民間団体だけではもう難しい」ことがその理由であった（『朝日新聞』一九九八年一月一一日付）。

しかし、消費者問題がなくなったわけでは当然ない。表3－1として、国民生活センターに寄せられた消費生活相談の件数を整理したが、これを見ても一九九〇年代にむしろ件数が大きく増加している。この数字の変化自体は、相談体制の整備や認知度の向上など複合的な要因を踏まえて評価しなくてはならないが、少なくとも消費生活相談が不要になる事態に至らなかったことは間違いない。内容構成の変化からは、販売方法や契約をめぐって高度化・複雑化する消費者問題の展開を読み取れよう。

この点をめぐって、一九九〇年代の主婦連では、「専門の弁護士の力が必要な金融や不動産の制度、法律などとっつきにくい問題が増えた」ため、「一般の主婦には分かりにくいので新しい人が来ない」と見ていた（『日本経済新聞』一九九三年一二月一二日付）。消費者問題が高度化・複雑化するなか、運動の側にも高度な専門性が不可欠になっていたのである。

消費者基本法が意味すること

一方で、規制緩和に伴う自己責任原則への転換によって、取引主体としての消費者に関わる法的権利の拡充が後追い的に進むこととなった（細川二〇〇七）。

具体的には、製造物責任法（PL法、一九九四年公布・九五年施行）、消費者契約法（二〇〇〇年公布・〇一年施行）、公益通報者保護法（〇四年公布・〇六年施行）、団体訴訟制度創設（〇六年消費者契約法改正）などがその代表的な成果である。

この間、消費者保護基本法（一九六八年）の抜本改正というかたちで、消費者基本法が二〇〇四年に成立した。法律名から保護の文字が外れたことに象徴されるように、消費者を保護の客体ではなく、自立の主体とみなす消費者像の歴史的転換をともなった。消費者基本法では、消費者の権利が明記されるとともに、権利主体としての消費者の自立を支援することが消費者行政の役割であると規定された。

こうした法的権利の拡充は、日弁連（日本弁護士連合会）の貢献によるところが大きい。日弁連に消費者問題対策委員会が設置されたのは一九八五年で、クレジット・サラ金による多重債務や、悪徳商法による消費者被害の多発が背景にあった（池本二〇〇六、小島二〇二一）。以後、日弁連は消費者団体と連携しつつ、消費者の自己責任という方向ではなく、権利主体としての消費者像を対置するかたちで、法的権利の拡充に努めたのであった（『朝日新聞』二〇〇三年五月一九日付）。

大きな流れで見れば、二〇〇九年に消費者庁が設置されたのも、このような政策展開のなかに位置づけられるが（齋藤編著二〇〇九）、期待される役割に比して、中央・地方ともに消費者行政に関連する予算や人員の不足が目立っている（山田・前田二〇一四）。

2　顧客満足の追求とそのジレンマ

CS元年以降――ヤマト運輸からユニクロまで

企業レベルでは、一九八〇年代末から顧客満足の追求という課題が関心を集めた。その背景には、サービス経済化が進むなか、多くの企業が無形のサービスに対する品質管理の問題に直面したことが挙げられる。実際に、日本能率協会による経営課題実態調査（一九八八年）では、調査に応じた六割の企業が、サービスの品質管理に関して、一人当たり売上高や人件費といった既存の生産性指標では不十分と回答し、顧客満足度指標の必要性が指摘されていた（『日経産業新聞』一九八八年一一月一六日付）。

当時、アメリカではすでに、カスタマー・サティスファクション（CS）経営という理念が影響力を持っており、調査会社によって顧客満足度指数が開発され、その調査・分析やランキングの発表というかたちで、サービス品質を数量的に評価していた。そのため、アメリカに進出する日本企業のなかから、CS（顧客満足）関連の事業や組織を立ち上げる動きが起こった。

表3－2に挙げたのは、CS関連組織を設けた先駆的な日本企業の事例である。このうち、特に本田技研は、組織設立よりも前に、早くから米国でCS指標を使った業務見直しに取り組んだことで知られる（『日経産業新聞』一九九〇年四月二六日付）。その影響もあって、自動車業界による取り組みが先行しており、アフターサービスや技術サポートの精度を高めるこ

企業名	組織	設置時期
トヨタ自動車	CS 向上委員会	1989 年　1 月
日産自動車	CS 推進室	1990 年　1 月
マツダ	CS 推進本部	1990 年　6 月
本田技研工業	CS 推進室	1990 年 10 月
ソニー	CS プロジェクト事務局	1989 年　1 月
東芝	CS 推進委員会	1990 年 10 月
日立製作所	CS 向上委員会	1991 年　4 月
松下電器産業	CS 本部	1991 年　4 月
日本アイ・ビー・エム	顧客満足度向上委員会	1991 年　1 月
日本電気	CSM 推進室	1991 年　7 月
日本交通公社	支店業務改革委員会	1991 年　2 月

表 3-2　CS（顧客満足）関連組織を設けた先駆的な企業の事例
（出所）「「顧客満足度」の旗（上）」『日経産業新聞』1991年11月7日付により作成。

とに注力していた。表によれば、その他の製造業の分野にも、CS関係の組織を立ち上げる動きが広がったとわかる。ここに挙げた以外でも、三井火災海上保険や東海銀行などがCS向上運動に取り組んだことが報じられている。

一九九一年には日本能率協会が、製品・サービスのお客様満足度調査を行って注目を集めたこともあり、同年はCS元年と呼ばれた。九〇年代後半になると、CS活動が定着したと言われ（『JMAマネジメントレビュー』一九九八年二月）、二〇〇〇年代にかけて、病院の患者や役所の利用者、学校の生徒・保護者などをお客様と呼び換えて顧客満足経営の発想を取り入れる動きも広がった（『朝日新聞』一九九八年二月一七日付、二〇〇一年九月二〇日付、二〇〇六年三月二日付）。

そもそもサービスには、モノの取引とは質的に異なる次のような課題がある（畠山芳雄「経済教室」『日本経済新聞』一九八九年一一月一日付）。すなわち、サービスの生産と消費は同時に行われるため、不良サービスの事後的な代替は不可能で、また、サービスの供給は人手を介することが多いから、供給する人による品質のばらつきが生じやすい。品質の良し悪しも実際にサービスの供給を受けた後でなければわからないため、消費者による口コミなどの評判が重要な意味を持つ。一人の顧客の一度の不満は、多くの潜在的な顧客を失うことに直結する。顧客満足の調査や指標化は、このようなサービス供給固有の課題に対応する意味を持っていたのである。

他方、より広い文脈で見て、顧客満足を徹底して追求することで、新市場の創造をともなう飛躍的な企業成長を達成した事例にも注目が集まった。東京ディズニーランドを展開するオリエンタルランド、宅配便というサービスを創り出したヤマト運輸、新業態のコンビニエンス・ストアを日本で定着させたセブン－イレブン、ＳＰＡ（Speciality store retailer of Private label Appare：製造小売）というビジネスモデルで革新を起こしたカジュアル衣料販売のユニクロ、同様のビジネスモデルを家具販売で実践したニトリなどがそれにあたる。

当時社長として宅急便の開発に邁進《まいしん》したヤマト運輸の小倉昌男（１９２４～２００５）は、「本当によいサービスとはお客様が求めることを実現すること、たとえば昼に留守の家庭があれば夕方に配達をすることだ」と語る（『Keidanren』一九九五年一〇月）。ユニクロを興した柳井正（1949〜）は、「会社は「お客様」のために存在するのが本質」で（柳井二〇一二）、「本当の顧客満足とは、お客様が欲しいと思っているものを、お客様が想像しないかたちで提供する」ことだと言う（柳井二〇一五）。ニトリの創業者・似鳥昭雄（1944〜）は、かつて「売上と利益のことで頭がいっぱい」の頃には「ろくに利益も出ず」、しかし「「お客様第一」という方針で経営するようになってから、利益が上がり、株価も上がり、社員の待遇も改善されて」いったと振り返る（似鳥二〇一六）。

サービス経済化の難題

これらの企業は、たしかにイノベーションを達成して新たな時代を切り拓いたが、経営学の議論では、一般に、顧客満足の追求が業績向上に結びつくとは限らないことが確認されている。

そもそも顧客満足の追求は、生産性の上昇とトレードオフの関係になりやすい（嶋口一九九四）。顧客に喜ばれるには経営資源を多く投入することが必要となる一方で、効率を追求するとサービス水準の低下につながる。多様な欲求をもつすべての顧客を満足させるには、非効率に陥ることが不可避である。高度で豊富な機能を求めるコアなユーザーの期待に応えすぎると、かえってボリュームゾーンの顧客には混乱や不満をもたらしかねない（小野二〇〇八）。

加えて、満足という状態は、事前の期待に対する成果を主観的に評価したものなので、時間軸をともなって決まる。つまり、①顧客が事前にどのような期待を持っているのか、そして、②製品・サービスの購買が実際にその期待に応えたかどうか、という時間軸のもとで決まる。そうなると、たとえば繰り返し取引が行われるうちに、顧客の期待がどんどん上昇しても、その水準をクリアし続けないと、たちまち否定的評価を受けてしまう。

これは顧客満足のジレンマと呼ばれ（佐藤二〇〇五）、ある時点の満足達成が、次の時点の期待水準を高めてしまうところに本質的な問題がある。現実には企業間競争も行われるから、顧客満足の追求をめぐる活発な競争の展開が、市場全体の顧客の期待水準を引き上げることになる。

したがって、顧客満足の追求は、必ずしも企業成長に結びつくものではなく、時間軸で見ると個別企業の持続的成長を難しくしていく。この限界を乗りこえるには、相応の画期的なイノベーションが必要となり、先に挙げた企業はまさにその成功例と言えるが、競争のなかでその優位性が長期に発揮される保証はない。

さらに、顧客満足の追求には、当事者以外に負担が及ぶ外部不経済の問題があることも知られている（宮崎二〇一一）。個々の企業が、それぞれ顧客満足の追求に焦点を当てるがゆえに、その周辺や第三者に生じる不利益や不満足に関心が及びにくくなってしまう。たとえば、多くの顧客が乗用車を購入し、企業利益と顧客満足が達成されたとしても、多くの購入者の存在によって道路の混雑や渋滞が深刻化すれば、都市全体の機能低下につながり、購入者以外も不利益を蒙《こうむ》る。あるいは、自動車がもたらす大気汚染、騒音、交通事故なども、第三者にまで深刻な負の影響を与える（宇沢一九七四）。

要するに、顧客満足の追求は、社会全体から見て望ましい結果をもたらすとは限らないのである。しかも、企業も顧客も満足してしまうために、そのことが不可視化されやすい。本書では、以上に見た顧客満足の追求をめぐる問題点、すなわち①生産性上昇とのトレードオフの関係、②時間軸で見た期待水準の上昇、③外部不経済の発生とその不可視化という三点をまとめて、広義の顧客満足のジレンマと呼ぶ。これらの問題点があるにもかかわらず、企業は競争のなかにあって、顧客満足の飽くなき追求から降りられないのである。

サービス産業は製造業に比べて生産性が低く、持続的な経済成長を牽引する力が弱いことは先に述べた通りである。顧客満足のジレンマもまた、サービス経済化のもとでの持続的な経済成長を難しくする方向に作用する。そして現実に、ポストバブルの時代にあって、サービス経済化の進む日本経済は、長期経済停滞に陥ってきた。

顧客満足の追求それ自体は、財やサービスの購入における利便性を大きく向上させ、快適な暮らしをもたらしたと言えよう。しかし、顧客満足の追求と生産性の上昇というトレードオフの関係からの脱却を、労働コストの切り下げに求めたり、より安価な製品をグローバルな商品調達を通じて求めたりすれば、その消費者と同じ人間である労働者の雇用や賃金に悪影響を及ぼす。

顧客満足のしわ寄せが労働者に行き着くとすれば、労働組合の役割が重要になる。しかし、雇用の多様化が進むなかで、パート・アルバイトなど非正規の労働者は組合から排除されやすい。その点、ニトリの労働組合は一九九三年に結成され、当初から「パートアルバイト社員」も同一組合に加入し（『月刊ゼンセン』一九九三年一二月）、その賃上げに成果をあげてきた（労働政策研究・研修機構『賃金引き上げに関する最新の動向や調査事例等』二〇二三年）。特筆されるべき例外と言えよう。

あるいは正規雇用労働者に関しても、企業別組合のもとに編成されている限り、顧客満足のジレンマを相対化することは難しい。たとえばヤマト運輸の労働組合は一九九〇年代後半に、「お客様」が正月営業を希望しているとして、率先して会社側に年末年始営業の開始を提案したことが知られている（小倉一九九九）。

お客様と消費者の違い

さて、本書の関心は、顧客満足への関心の高まりに応じて広く使われ出した、お客様という言葉の意味にある。消費者とお客様は、いったいなにが違うのだろうか。

この点について、まずはイトーヨーカ堂創業者の伊藤雅俊（1924〜2023）の語るところを確認してみよう。伊藤雅俊は、一九七六年に経済雑誌の座談会で、次のように発言している（『野田経済』一九七六年一月）。

> その会社の生存しているということが何にあるのかということを考えれば、われわれやっぱりお客さん、消費者という言葉じゃなくてお客さんじゃないでしょうか。同じ言葉であっても、私どもでは、消費者という言葉は使うな、といってるんです。お客というのがふさわしいのではないか、古くさいけれども適当じゃないか、と。お客さんに満足していただいているかどうか、従業員がその意識をもって接しているかどうか、それが問題だと思うんです。

ダイエーの中内㓛が、消費者という言葉に強い意味を込めていたことは、第1章で確認した通りである。伊藤の発言は、彼を強く意識したものであろう。

ここからは、消費者でなく「お客さん」という言葉を用いることで、従業員の態度やマインドにプラスの効果が生じると認識していたのだとうかがえるが、伊藤自身がその意味を説明している史料は、いまのところ得られていない。

ただ、当時の業界誌『販売革新』に、「イトーヨーカドーの対象は何故「消費者」ではなく「お客様」なのか」というタイトルの興味深い論評記事があるので紹介したい（『販売革新』一九七六年一一月）。記事の著者は山本浩史（1939〜）で、『スーパーマーケットの理論と技術』（文化社、一九六九年）などの著作があり、スーパーマーケットの理論的・技術的指導に努めていた（岸本二〇〇八）。スーパーの業界事情によく通じた人物である。

この記事で山本は、ダイエーが消費者、イトーヨーカドーがお客さまという言葉でつかまえる対象のイメージを、次のような対比で捉える。

伊藤雅俊

すなわち、消費者という言葉からは、「物価、値上げ反対、おしゃもじ行進、眼鏡をかけたこわいオバサン」といった消費者運動における主婦のイメージが喚起され、価格や品質、経済合理性や安全性といった論理的要素が前面に出てくる。

対して、お客さまという言葉からは、それぞれの

「好み」をもつ生身の人間が想起され、「具体的な人間」として「感情と利害心」を持ち「企業の売上げをつくる人」のイメージが浮かぶ。お客さまとして認識することで、具体的な生身の人間がもつ「好み」や期待に応えようという意識も芽生えてくるし、消費者=主婦という認識からも自由になり、属性や欲求の多様性にも目が向いてくる。

大量販売・大量消費をめざしたダイエーが徹底した合理性を追求したのに対して、「イトーヨーカドーのマーチャンダイジングは、「お客さま」志向という概念の解釈を前提とした、情緒的感性を重視する戦略なのである」というのが、山本の見立てであった。

この指摘を踏まえると、伊藤雅俊が自著で、「人間が生きている様子、泣いている様子、笑っている様子、怒っている様子、喜んでいる様子、人間のすべてをながめて、すべてに関わりたいと考えている人は、半ば成功したも同然で」、「そういう人には、お客さまの気持がよくわかり、好みにピッタリ合ったものをお客さまにご提案できる」と述べている意味もよく理解できよう（伊藤一九九八）。

あるいは、イトーヨーカ堂では一九六五年から単品管理を導入したが、伊藤はこれを「お客さま優先の在庫管理」だと表現する（伊藤一九九八）。単品管理とは、在庫管理にあたって、メーカー、素材、デザイン、色、柄、サイズ、容量までも区別する単品レベルでの管理を指すものだが、伊藤は単品とは「お客さまが自分の生活の中で買ってくださる単位」だという。

イトーヨーカ堂の単品管理は、多様な好みをもつお客さまそれぞれに対応するものと位置づけられていたのである。

他方、山本が消費者という言葉に、「物価、値上げ反対、おしゃもじ行進、眼鏡をかけたこわいオバサン」といった消費者運動の主婦のイメージを読み取ったことは、企業との関係性のあり方という角度から、もう少し議論を深める余地がある。イトーヨーカ堂の例を離れて、先述した顧客満足の文脈に再び目を転じることにしよう。

顧客満足（CS）の理念を説くなかで、「CSはお客さまと企業の恋愛関係」だというアナロジーが用いられることがある（『倉庫』九四号、一九九二年）。「恋愛相手（お客さま）を十分に研究して相手の期待に応えるように行動し、そしてより良く応えていくために自分自身の能力を高め」、「その結果としてお客さまの満足度を高めることによってファンを増やしていく」というのである。お客様は恋愛相手であり、ファンにすべき相手なのだとする捉え方は、先に見た消費者運動の主婦のイメージからは出てこないものであろう。

顧客満足に関する経営学の議論では、満足に大きく二つの種類があることが知られている（嶋口一九九四）。一つは、ディスサティスファクションという強い不満の状態を改めるというもので、たとえば、不当・不正販売、欠陥商品、公害問題などを改めることは顧客の満足につながる。もう一つは、不満ほどではないが満足もしていないというアンサティスファクションの状態を改めるというもので、こうした非満足の状態を満足に転じさせられれば、新市場の創造を伴う企業成長につながりやすい。

この議論を踏まえると、顧客満足には、①コンシューマリズムの領域から寄せられる不満に対応する消費者対応上の課題と、②非満足を満足に転化させることをめざすマーケティング上の課題との、文脈の異なる二つの課題が混在していたとわかる。そして、山本が挙げた消費者運動における主婦という消費者のイメージは①の課題に対応するが、②の課題に進むと、企業から働きかける対象に恋愛相手やファンというお客様のイメージが出てくる。

別言すれば、消費者には、消費者運動のようなかたちで企業とは本質的に利害を異にする他者としてのイメージがある一方、お客様には、企業と利害を共有しながら親密な関係を結ぶべき相手というニュアンスがある。この両者に向き合う顧客満足の追求という実践は、消費者をファンに転化させようとするものと位置づけられよう。生活者とは別のかたちで、しかしやはり消費者という言葉に込められたイメージを乗り越えるものとして、企業は消費者をお客様として捉え直したのである。

この点に関連して、「お客様は神様です」という有名なフレーズにも触れておきたい。

このフレーズは、浪曲師・演歌歌手の三波春夫（1923〜2001）が一九六一年頃のステージで発言したものとされ、その後、お笑いトリオのレツゴー三匹が流行らせたと言われている。三波春夫の真意は演者側の心の持ちようを説くことにあったが、企業との関係や接客の場面などで曲解され、客のわがままで傲慢《ごうまん》な態度を助長させる言葉として、近年では強い批判にさらされている。こうした経緯と三波春夫の真意について詳しくは、「三波春夫オフィシャルサイト」(https://www.minamiharuo.jp/profile/index2.html) を参照されたい。

翻って「消費者は王様である」という言葉には、「裸の王様になるな」という消費者からのとらえ返しがあり、消費者の権利や責任と結びつく意味があった（第1章）。対して、「お客様は神様です」というフレーズに、それに類するものが喚起されないのは、お客様という言葉に権利や責任という発想が含まれていないからである。顧客満足の文脈からは、お客様の満足それ自体が望ましいものとされ、どのような満足の中身が社会的に望ましいものなのかは問われない。ここに、お客様という捉え方の隘路があると考えられる。

以上を整理すると、お客様という言葉には、①消費者＝主婦という固定化された消費者像を相対化すること、②対抗的な利害をもつ機能集団ではなく、情緒を含んだ生身の人間として対象をイメージすること、③権利や責任の主体としてではなく、もっぱら企業の顧客としての対象を捉えようとすること、という三つの意味が含まれていたと言えよう。

このような理解を踏まえたうえで、以下では、セブン－イレブンの立ち上げを担った鈴木敏文の経営理念と、お客様相談室の整備に尽力したＡＣＡＰの取り組みについて、順に詳しく見ていこう。

3　セブン-イレブンにとってのお客様

鈴木敏文の直感

鈴木敏文は、一九三二年に長野県で生まれた（表3-3）。五六年に中央大学経済学部を卒業後、出版社勤務を経て、六三年にヨーカ堂へ入社した。ヨーカ堂は六五年に伊藤ヨーカ堂、さらに七一年にはイトーヨーカ堂へと社名を変更したが、総合スーパーの店名にはイトーヨーカドーの表記が用いられる。鈴木は七一年にイトーヨーカ堂取締役となり、先述の伊藤雅俊の右腕として総合スーパーの経営拡大を支えた。

この頃、イトーヨーカ堂は、総合スーパーの大型店を出店するにあたって、地域商業者などからの強い反発を受け、各地でいわゆる大型店紛争を経験していた。その経験を経て、「地元商店街の人たちに、共存共栄でやっていきたいと申し入れるについては、その具体的な方法を提案しなければならず、中小小売店の今後の方向を研究」しようという問題意識をもつに至った（鈴木敏文「急成長するコンビニエンス・ストア」『証券アナリストジャーナル』一九七九年一一月）。

1932年	長野県坂城町に生まれる
1946年	小県蚕業学校に入学
1956年	中央大学経済学部卒業 東京出版販売（現トーハン）入社
1963年	ヨーカ堂入社
1971年	イトーヨーカ堂取締役
1973年	ヨークセブン（現セブン-イレブン・ジャパン）設立、専務取締役
1974年	セブン-イレブン1号店が東京・豊洲に開店
1977年	イトーヨーカ堂常務取締役
1978年	セブン-イレブン・ジャパン代表取締役社長
1982年	セブン-イレブン、POSシステム全店導入へ
1983年	イトーヨーカ堂専務取締役
1985年	イトーヨーカ堂取締役副社長
1991年	米国サウスランド社をイトーヨーカ堂グループが買収
1992年	イトーヨーカ堂代表取締役社長兼グループ代表 セブン-イレブン・ジャパン代表取締役会長
1997年	経団連副会長
2001年	アイワイバンク銀行（現セブン銀行）設立
2005年	持株会社セブン＆アイ・ホールディングス設立、代表取締役会長
2016年	退任

表3-3　鈴木敏文の略年譜

（出所）鈴木（2014）巻末年譜により作成。

そうしたなかで、鈴木は、別件でアメリカ視察を行った際に、サウスランド社が展開していたアメリカのセブン-イレブンを実見した。「雑貨屋みたいな変な店」との印象をもったが、調べてみると当時四千店も出店していると知り、そこにはなにか可能性があるはずだと直感する。一九七三年にはサウスランド社とエリアサービスおよびライセンス契約を結んで、株式会社ヨークセブンを設立し、鈴木はその専務取締役として、コンビニエンス・ストアという新しい業態の開発に邁進した。

このときにアメリカのサウスランド社から学んだことでは、①コンビ

鈴木敏文（写真提供：朝日新聞社）

ニエンス・ストアの基本コンセプトと、②フランチャイズ・チェーンのしくみと会計システムという二点が重要であった。

①コンビニエンス・ストアの基本コンセプトは、買い物の便利さを提供する点にあり、コンビニエンスという名称もこれに由来する。そのためには、すぐ近くに立地し、長時間営業の年中無休で、必要なものをいますぐにほしいというニーズに応えることが重要となる。

②フランチャイズ・チェーンのしくみは、本部と加盟店との間にフランチャイズ契約を結んで、本部から加盟店に経営のノウハウや商標・商号などを使用する権利を与え、加盟店からはその対価として使用料（ロイヤリティ）を支払うものである。直営店と異なり、本部と加盟店は資本関係を持たず、それぞれの加盟店オーナーは、資本面で独立した自営業者として経営にあたる。本部と加盟店との関係は、対等なビジネスパートナーとされていた。

ロイヤリティの徴収に際しては、売上総利益を基準とする粗利益分配方式がとられた。売上高を基準にしてしまうと、売上高の増加を期待する本部が、加盟店の利益を度外視した方針をとることも起こりやすい。それに対して、粗利益分配方式のもとでは、本部と加盟店がともに利益重視の目標を共有できるため、安売りによる薄利多売ではなく、利便性を重視しながら高い収益をめざすという業態の基本コンセプトにも適合した。

一方で、サウスランド社との提携後、同社の内部資料に初めて触れた鈴木敏文の感想は、「これは日本では使えない。失敗した！」というものだった（鈴木二〇一四）。契約後に初めて開示された分厚い経営マニュアルも、「店舗運営の初心者向け入門書のような内容ばかり」で、なにかあるはずだという契約前の直感は大きく裏切られたのである。

そこから鈴木は、日本型コンビニを模索する。一九七四年に一号店を開店し、以後、試行錯誤を繰り返しながら、日本のセブン-イレブンは、本家アメリカを大きく超える流通革新を実現していった。一九九一年、経営危機に陥ったアメリカのサウスランド社をイトーヨーカ堂グループが買収し、日本型コンビニの移植を通じてその立て直しを図ったことは、日本で独自に達成された革新性を物語る出来事であった。

日本型コンビニの革新性

鈴木敏文が日本のセブン-イレブンで実現した流通革新の要点は、①多頻度小口配送、②魅力的な商品開発、③ＰＯＳシステムによる単品管理、という三点に整理できる（矢作一九九四、川辺二〇〇三）。

まず、店舗への商品の納入では、多頻度小口配送の実現が不可欠であった。コンビニエンス・ストアには、在庫スペースの小さい小型店舗という制約があり、そこに年中無休で欠品のない定時配送が求められる。セブン-イレブンでは、既存の問屋を活用しつつ対応したが、当初はメーカーごとの大ロット配送という商習慣が当然とされていた。その結果、セブン-イレブン一号店は、開店から一ヵ月後、「お店の二階の居間が在庫の山であふれて大変です」と報告されるような状況に陥ってしまう（鈴木二〇一四）。以後、鈴木はメーカーや問屋を説得しながら、窓口問屋による集約化と、商品グループごとの共同配送を実現し、コンビニエンス・ストアの特性に応じた配送システムを確立していく。

加えて、魅力的な商品開発も重要な課題であった。

コンビニエンス・ストアは利便性を重視する業態のため、ファストフードの品揃えが重要となる。当初は、アメリカのセブン-イレブンに学んでホットドッグなどの取り扱いを試みたが、うまくいかなかった。そこで鈴木は、おにぎりや弁当の開発に乗り出す。周囲からは「そういうのは家でつくるのが常識だから売れるわけがない」との反対が寄せられたが（鈴木二〇一四）、米飯商品、調理パン、調理麺、惣菜などの商品開発は成功を収め、コンビニに欠かせない商品となった。

さらに、POSシステムを利用した単品管理は、在庫管理、商品納入、商品開発などを情報面から支える重要なポイントであった。

ＰＯＳとはPoint of Salesの略で、ＰＯＳシステムとは販売時点情報管理システムと訳される。買い物客の会計時にレジの端末から入力される情報を集め、いつ、どんな商品が、いくらで、どれくらい売れたのかを単品レベルで集計し、ネットワーク上で把握するシステムであった。

セブン－イレブンは一九八二年にＰＯＳシステムを導入し、小売業の情報システム化をリードしていく。当時、アメリカではすでにＰＯＳシステムが使われていたが、その目的は、省力化、正確性の向上、不正防止といったレジ係の店頭業務上の対応にあった（セブン－イレブン・ジャパン一九九一）。それに対して、鈴木は、売れ筋商品の把握と死に筋商品の排除という情報を把握するためのツールとしてＰＯＳを活用したのである。

セブン－イレブンでは、本部、加盟店、問屋、メーカー、共同配送センターとの間に高度な情報ネットワークを構築し、効率的な配送や魅力的な商品開発を情報面からも支えるしくみを整えた。

以上のように、日本のセブン－イレブンは、物流や商品開発に加え、情報通信技術の活用にまで及ぶイノベーションを達成した。安売りではなく、利便性の提供というコンセプトに基づく高い利益を追求し、その利益を本部と加盟店で分け合う。中小小売店との共存共栄と

	社名	本社（本部）所在	全店舗年間売上高（百万円）	期末店舗数
1	セブン‐イレブン・ジャパン	東京	2,762,557	12,298
2	ローソン	東京	1,558,781	9,527
3	ファミリーマート	東京	1,334,048	7,404
4	サークルＫサンクス	東京	1,095,201	6,166
5	ミニストップ	千葉	302,911	1,722
6	デイリーヤマザキ	千葉	222,875	1,647
7	エーエム・ピーエム・ジャパン	東京	195,599	1,129
8	セイコーマート	北海道	159,804	1,040
9	スリーエフ	神奈川	122,313	712
10	ポプラ	広島	104,768	701

表3‐4　コンビニエンス・ストア売上高ランキング（2008年度）

（出所）『流通統計資料集　2010年版』流通経済研究所、2010年、71頁により作成。

（注）エリア・フランチャイズを含む。ただし、ミニストップのみエリア・フランチャイズの数字を得られず合算していない。

いう初発の問題意識は、このような日本型コンビニのかたちとなって結実したのである。

この間、セブン‐イレブンの国内店舗数は、一九七四年に酒屋からの転換による一号店が開店してから、一九八〇年に八〇一店、一九九〇年に三九五四店、二〇〇〇年に八一五三店へと大きく増加し（セブン‐イレブン・ジャパン二〇〇三）、表3‐4に示す売上高ランキングの通り、最大手のコンビニエンス・ストアとして業界の発展をリードしたのであった。

POSシステムのデータ

本書の関心から見て興味深いのは、以上に見た流通革新の実践が、お客様の立場で考える、という鈴木敏文の経営理念に基づいていたことである。

彼は、売り手は「お客様のために」ではなく、「お客様の立場で」考えねばならないと説く（鈴木二〇一三）。その違いは、次のように説明される。

> 「お客様のために」といっても、「売り手の立場で」考えたうえでのことであり、そこには、過去の経験をもとにしたお客様に対する思い込みや決めつけがある。これに対し、「お客様の立場で」考えるときは、ときには、売り手としての立場や過去の経験を否定しなければなりません。〔中略〕「お客様のために」と考える発想のもう一つの問題点は、「お客様のために」といいながら、自分たちのできる範囲内や、いまある仕組みの範囲内で考えたり、行っているにすぎないケースが多いことです。つまり、どこかで売り手の都合が優先されていることが多い。一方、「お客様の立場で」考えるときは、自分たちに不都合なことでも実行しなければなりません。

鈴木はこう述べたうえで、お客様の立場で考えることとは、「自分たちにとって不都合なことでも、お客様の都合に合わせて実行する」ことであって、「コストがかかり、効率が悪くても、お客様が共感共鳴するものをつくっていけば、必ず、結果が出て、収益が確保できるようになる」と強調する。

あるいは、「お客様は神様」という言葉に触れながら、「変化対応」という自身の座右の銘の含意を次のように語っている（『月刊民放』一九九四年四月）。

もし、本当にお客さまが神様だったら、相手の立場に立って、お客さまが満足しないことを自分たちが変えることなんですね。／私の経営の考え方として常々言い続けていることは、「変えるのは自分たちの仕事の仕方であり、お客さまに変わってもらうんじゃない。お客さまというのはどんどん変わっていく。世の中も大きく変化していく。その変化にわれわれがどれだけついていけるか」ということです。

このように、お客様の立場で考えるという発想に基礎を置きながら、企業からみた過去の経験や事業者側の都合を否定するというかたちで、徹底した顧客満足の追求を説いたのである。

お客様の実像を捉えるうえで重要な意味をもったのが、ＰＯＳシステムから得られるデータであった。鈴木はＰＯＳデータの意義を次のように説く（『財界forum』一九九八年一一月）。

私どもがPOSを使うことに決めたのは、アメリカの小売店の真似をしようとしたわけではありません。／お客様が今日はどんな商品を買っているのか、またお客様の買い方はどんなふうに変化しているのかなどを、客観的なデータとしてきちんととらえなければ、これからの経営は成り立たないという考え方がまずありました。／そのために、システムの専門家の皆さんに、こういうデータがとれるシステムをつくって欲しいとお願いし、NECさんや野村総研さんにたいへんお骨折りいただいた結果できあがってきたのが、私どものPOSシステムです。／そういうシステムを構築して、毎日データをずっと読み続けてきますと、それまで感覚的にとらえていたものとは違ったお客様の姿が、自然に見えるようになってきます。こう言うと大袈裟に聞こえるかもしれませんが、私には、まさにお客様の姿が見えるという感じがします。

ただし、POSデータが示すのは、あくまでもその日の結果である。鈴木は以下のように、POSデータはあくまでも仮説と検証の手段にすぎないと強調する（鈴木二〇一四）。

もの不足の売り手市場の時代には、昨日売れたものは明日も売れた。昨日のニーズと明日のニーズは同じだった。だから、誰が考えても答えは同じだった。／しかし、もの余りの買い手市場においては、昨日の顧客が求めたものを明日の顧客が必ずしも求めるとは限らない。昨日のニーズと明日のニーズは異なる。だから、昨日の延長上で考えるのではなく、明日のニーズについて自分で仮説を立て、今日やるべきことを考える。／この仮説が正しかったかどうか、POSで販売の結果を調べ、検証する。あるいは、POSデータの中から売れた個数こそ少なかったが、売れ行きの速さなどから明日は新しい売れ筋になりそうな商品について仮説を立てる。POSはあくまでも仮説と検証をより効果的に行うための手段であって、POSを使うことが目的ではない。

そのうえで、「消費は経済学でなく心理学で読むべき時代にきている」として(『Keidanren』一九九九年二月)、お客様の心理を読むなかに仮説と検証のプロセスを落とし込んでいった。

たとえば、釣り船の発着場に近い店舗で、気温が上がりそうな日には、釣り客が「時間が経っても傷みにくいイメージのある食べ物を求めるはず」だと想定し、「梅のおにぎりが売れるのではないか」という仮説を立てる。あるいは、「真冬でも少し汗ばむような陽気の日には冷たい麺がおいしく感じる」と予想し、「冬に冷やし中華を食べる」という仮説を立てる。このように「お客様の心理を読んで、行動を予測」するところから、明日の売れ筋商品の仮説を立て、結果をPOSデータによる検証を繰り返したのである（鈴木二〇一二）。

お客様の立場の先鋭化

現在の目から見ると、こうした鈴木の経営理念は、一面で顧客満足のジレンマを免れ得ないものであったと考えられる。

たとえば彼は、「年中無休ですから、お客さんの立場に立てば、元日でも作りたてのおいしいパンを提供しなければなりません」として、「商品部長が山崎製パンの社長に日参し、最後は向こうの労組の委員長とも話して、2年目か3年目かから正月でもパンを作ってもらうようにしたのです」と振り返る（『読売新聞』二〇〇〇年一月一七日付）。しかし、山崎製パンの労働者に思いを致せば、このことを手放しで喜ぶ社会でよいのかと考えさせられよう。

あるいは、「紙パックの牛乳も、当日か前日の日付のものだけを店頭に並べるようにしています。日付が多少古くても品質には全く問題はありませんが、お客の立場からすれば違いますす」と言われるとき（『朝日新聞』一九八八年三月一日付）、現在の私たちにはフードロス問題が頭をよぎってしまい、素直に頷けない。

同様に、次のような発言にも、行き過ぎを感じてしまうに違いない（鈴木二〇一三）。

わたしは毎日昼、セブン‐イレブンの弁当や惣菜類の新製品について役員試食を行いますが、休日も午前中スポーツジムで汗を流すと、帰る途中に自宅近くのセブン‐イレブンに寄って、弁当などを購入し、家で妻と一緒に食べます。もし、レベルが落ちていておいしくなければ、そこそこ売れている商品であっても、お客様に提供すべきでないと、即刻、店頭から撤去の指示を出します。北は北海道から南は九州まで、一万五千店を超えるすべての店頭から、本部の負担で二十分以内で撤去させます。／撤去すれば何千万円もの膨大なロスが生まれます。「いま店頭に並んでいる分は仕方ないから、そのまま販売して、明日会社に出てから再検討の指示を出そう」と考えることもできます。それが普通でしょう。しかし、これは売り手の都合を優先した考え方です。

このエピソードでは、鈴木個人がおいしく感じないことと、「そこそこ売れている」事実との比較衡量の妥当性も問われようが、いずれにしても、お客様の立場自体の望ましさを問う発想は乏しい。

翻って、セブン‐イレブンを初めとして、大手コンビニチェーン各社には、本部と加盟店オーナーとの間に、さまざまな軋轢《あつれき》を抱えてきた歴史がある（満薗二〇一五、木村二〇二〇）。

たとえば、特定地域への集中的な出店で高い地域内シェアを狙うドミナント戦略は、本部にとってはチェーン全体の収益向上につながるが、個々の加盟店から見ると競合による利益の減少を招いてしまう。粗利益分配方式のもとでも、本部と加盟店の利害は完全に一致することはないのである。

また、本部が加盟店に課すロイヤリティ料率が高すぎるという加盟店の不満は、草創期から見られた。一九九〇年代以降になると、いわゆる脱サラ組の加盟店オーナーが急速に増加するが、その多くは本部が開発した店舗で営業するため、自前の土地や建物を用意する契約に比べて、ロイヤリティ料率がさらに高い。業界の競争激化とあいまって加盟店側にかかる負担は大きくなり、オーナーやその家族による労働を通じて、人件費の抑制を図らざるを得ない状況が常態化してきた。

あるいは、コンビニ会計と呼ばれる業界独特の会計システムにより、商品廃棄は加盟店側の一方的な負担になるしくみのもとで、本部側としては、欠品のない状態こそが利便性の基本だとして、加盟店に廃棄ロスを恐れず発注するよう奨励してきた。二〇〇九年には、公正取引委員会が、セブン－イレブン本部による見切り販売の制限・禁止に対して排除措置をとった。

加盟店オーナー家族の過酷な労働生活も含めて、こうしたフランチャイズ・ビジネスとしての問題点は、関根十九光《とくみつ》『セブンイレブン残酷物語』（エール出版社、一九八三年）以降、繰り返し指摘されてきたが、いまだに根本的な解決を見ていない（満薗二〇二一）。

社会保険労務士の飯塚盛康は、「セブン－イレブン加盟店オーナーの異常に高い死亡率・傷病者」という文章で、セブン－イレブン共済会の給付保険金データ（二〇一二年七月〜二〇一三年六月）をもとに、「セブン－イレブンのオーナーは、過労死ラインの危険を感じる中央省庁の人の八倍も命の危険があり、国家公務員の九倍以上も病気やケガをしていることにな」るとの推計を示した（コンビニ加盟店ユニオン・北二〇一八）。重たい数字であろう。

4　お客様相談室の誕生

ACAPの設立

本章の最後にとりあげるのは、お客様相談室の歴史である（満薗二〇二三）。

お客様相談室とは、企業に設けられた消費者対応部門のことで、顧客からの問い合わせ、相談、苦情などを受け付ける部門を指す。部門の名称は企業ごとにさまざまで、消費者室、消費者相談室、お客様センター、お客様サービス部などの例が見られるが、一九八〇年代後半からは、部門名にお客様という呼称を冠する企業が増えていく。

お客様という言葉に関心を寄せる本書からすると、こうした名称のあり方は実に興味深い。そこで以下、企業の消費者対応部門が、お客様相談室として整備されるプロセスを確認する。特に重要な役割を果たしたACAPという組織の取り組みに注目したい。

ACAPとは、Association of Consumer Affairs Professionalsを略したもので、消費者関連専門家会議という日本語訳があてられる。ACAPは消費者対応部門の担当者を会員とする企業横断的な組織で、消費者対応の業務に関わる調査研究、企業の垣根を超えた相互の情報交換、広報や提言といった活動に取り組んだ。設立は一九八〇年で、当初は任意団体であったが、八五年に社団法人となった。

ACAPのモデルとなったのは、アメリカのSOCAP（Society of Consumer Affairs Professionals in Business）で、企業内消費者問題専門家会議との訳語があてられる。SOCAPは、コンシューマリズムの高まりを背景として一九七三年に設立され、①消費者対応の場で企業の誠実性の高揚と維持を図るとともに、②企業、行政、消費者の三者間の効果的なコミュニケーション理解を助長・促進するために、③消費者問題担当専門職の明確化と資質の向上に取り組む団体であった（『宣伝会議』一九八〇年二月）。

当時のアメリカの消費者運動は、社会運動家のラルフ・ネーダー（1934〜）による活動に象徴されるように、個々の商品やサービスの次元にとどまらず、企業の基本理念や哲学までをも問題とし、その姿勢や体制のあり方を問い直そうとする方向に発展していた。SOCAPは、こうした動きに企業側から対応するために、消費者問題担当の専門職を育てようとする組織だったのである。

一九七〇年代には、日本でも消費者運動が高揚し、社会的緊張の一つと受けとめられたことは、第2章で見た通りである。その状況を前提に、七九年にHEIB調査団がアメリカへ派遣され、現地でSOCAPの取り組みを視察し、日本生産性本部の後押しによって、八〇年のACAP設立に向かった。

このHEIB調査団は、花王石鹸社長の丸田芳郎（1914〜2006）を団長として、日本生産性本部と消費者供給者センターの共催で派遣された。HEIBとは、Home Economists in Business を略したもので、企業内家政学士と訳される。SOCAPと同様、HEIBの発祥もアメリカで、企業が家政学を修めた者を雇い、企業内でその知見を生かした業務に割り当てるかたちで、消費者問題への対応を図ろうとするものであった。アメリカでは一九二三年にアメリカ家政学会に専門部会が設けられ、HEIBとは、正式にはその部会メンバーを指す。

日本では、一九七〇年前後からアメリカのHEIBに対する関心が高まり、七八年に日本ヒーブ連絡協議会が設立された。翌年には日本ヒーブ協議会へと改称され、現在に至るまで活動を続けている。ただし、日本のヒーブは、企業内の消費者関連部門で働く女性を広く指すようになり、資格を家政学士に限定せず、家政学会にも足場を置かず、もっぱら女性に限るものとされた点に特徴があった（満薗二〇二一a）。

こうした経緯からわかるように、HEIB調査団が派遣された一九七九年には、すでに日本ヒーブ協議会が活動を始めていた。そのこともあって、調査団はSOCAPの取り組みの方により積極的な関心を寄せ、ACAPの設立に向かったのである。

当初はSOCAPの日本版としてSOCAPジャパンを設立する構想であったが、日米の雇用慣行が大きく異なることから、結局は日本独自の組織であるACAPとなった（『日本百貨店協会会報』一九八〇年七月）。

労働者の企業横断的な移動が活発なアメリカでは、消費者担当職が文字通りの専門職として、転職を繰り返しながら技能を高めていくのに対して、日本では長期雇用を前提に、企業内でおよそ二年から三年ごとに部署の異動を繰り返すので、言葉通りの専門職とは言い難い。日本の場合には、消費者対応部門の担当者が数年で異動することを前提に、その業務の質の維持・向上が重要な課題となった。

消費者対応部門の設置とその課題

日本企業の消費者対応部門の設置自体は、ＡＣＡＰ設立よりも前からある程度進んでいた。国民生活センターが一九八九年に実施した調査（有効回答四五六社）によれば、消費者対応部門を設置している企業のうち、六〇年代以前に設置した企業は一五・〇％にとどまるが、七〇年代に設置した企業が五二・四％に上り、あわせれば七割近くが七〇年代までに設置を終えていた（『企業の消費者対応に関する調査』一九九〇年）。

こうして一九七〇年代にある程度まで設置が進んだ背景には、消費者運動の展開だけでなく、通産省による要請や指導の影響があった（藤岡二〇一一）。

通産省は、「業界における苦情処理体制の整備について」という通達を一九六九年と七六年に発出し、産業界に消費者からの苦情を処理する体制を整備するよう要請するとともに、業界団体を介して加盟企業に対応窓口を設けるよう指導した。いずれも、六八年に成立した消費者保護基本法が、消費者からの苦情処理体制の整備を事業者に求めたことに基づく措置であった。

さらに、一九七九年には、通産省が新たに「産業界における消費者志向体制の整備について」という通達を発出し、以下の内容を産業界に要請した。

①消費者苦情が製品の設計等に反映されるよう担当役員を配置するなどにより、企業内体制の整備に努めること。
②商品説明書等には、難解なものがみうけられるので、消費の主たる担い手である主婦等に判り易く工夫すること。
③販売店における消費者対応が十分でないために苦情の解決が困難となる場合が少なくないので、関連販売店の消費者志向体制の整備に努めること。
④商品説明書等に消費者担当部門の電話番号を掲げること等により、消費者が説明を求め易い体制を整備すること。
⑤「商品選択情報の提供」、「消費者教育」など、一企業で対処するより関連分野の企業が共同して対処する方が効率的な分野もあるので、共同事業の実施に努めること。

この通達の背景には、部門の設置自体が進展しつつあるなかで、消費者対応部門の意義や役割について企業内の理解が不十分だったことがある。

事実、一九七七年の調査では、企業内では消費者対応部門に関わる職務の責任や権限が不明確で、トップや上司の理解も足りず、予算や人員が不足しており、他部門との連携がうまくとれていない、といった問題点が指摘されている。そこには、「消費者窓口が単なる苦情処理機関ではなく、従来のマーケティング理念とは異る「消費者志向」のマーケティングコンセプトの指標設定において重要な役割を持っていることをいかに社内に理解させるか」という共通の課題があると受けとめられていた（『消費者問題と企業の対応』工業市場研究所出版部、一九七七年）。

ＡＣＡＰの設立は、消費者対応の質や位置づけの向上という課題に、企業横断的な組織を作って対応しようとしたものと言えよう。

ＡＣＡＰの組織と活動

ＡＣＡＰは個人会員制をとり、各企業で消費者対応にあたる担当者が個人の資格で入会した。ただし、各社の人事異動を前提として、会員資格は後任者に引き継がれるものとされた。個人会員制をとったことには、後述するように消費者運動からの批判をかわす狙いがあったが、企業ではなく、あくまでも個人を資格とすることで、「自らの所属している企業から独立して発言することを保証しようとする」意図もあったという（『ACAP forum』一九九〇年一〇月）。

会員数の推移について、正会員とその所属企業の数を挙げると、一九八〇年の設立時には一五二名・一二五社であったが、社団法人化を果たした八五年には二四七名・一八九社にまで増加しており、その後も、九五年に三三九名・三二三社、二〇一〇年に七六一名・五六四社へと増加した（満薗二〇二三）。

会員の男女比は、一九八五年時点で会員の一割が女性であったとされる。同じ頃、アメリカのSOCAPは約六割が女性であったため（『ACAP forum』一九八五年四月）、男性への偏りが顕著な点に日本のACAPの特徴があった。企業はACAPに責任者の参加を優先させたため、当時の日本企業における管理職の性比を反映する結果になったとされる。また、すでに女性については、日本ヒーブ協議会が活発な活動を行っていた事情もあった（満薗二〇二二a）。

企業側から見ると、ACAPと日本ヒーブ協議会の両方に会員を派遣する例も少なくない。その場合には、消費者対応部門の管理職の男性はACAPの会員で、その下で働く女性従業員が日本ヒーブ協議会に所属するかたちになることが多かった。

表3－5は、一九八五年度におけるACAPの役員を挙げたものである。氏名から女性と思われる者も散見されるが、やはり多くは男性だとわかる。所属企業としては、食品、家電、自動車、小売など、BtoC（Business to Consumer）の要素をもつ有名企業が多く見られることが読み取れよう。

ACAPの活動は、自己啓発、相談、消費者啓発、調査、広報、提言などからなる。

	氏名	所属企業
理事長	柚木英夫	日立家電販売
専務理事	土居敬和	サントリー
常任理事	新井昭夫 薄田　隆 大西庸三 梶本知暉 片山順一 金山典子 熊谷　晃 小山東夫 田中政子 徳光慶昭 長野　哲 星野正之 松井清四郎 安田英夫 柳沢安夫	日清製粉 （事務局長） 大洋漁業 トヨタ自動車 ジョンソン エイボンプロダクツ 西友 ソニー ジャスコ 明治乳業 アップル アイシン精機 森永製菓 和光堂 HOYA
理事	卯月洋史 角田拓子 辛川政雄 近造廸夫 佐藤知恭 島貫武巳 鈴木俊明 瀬戸秀雄 竹内雅美 高木彬子 西　秀実 伴　幸雄 逸見眞二 松本　猛 森　滋 若狭英彦	ノエビア 台糖ファイザー ユニード 味の素 （特別会員） 三菱自動車工業 松下電器産業 大丸ピーコック 西武百貨店 タカキベーカリー 京セラ 日本製粉 阪神百貨店 イズミヤ 日本ポラロイド ライオン
監事	碓井美智子 高岡治郎 三木和孝	灘神戸生活協同組合 富士ゼロックス 松坂屋

表3-5　ACAP 役員一覧（1985年度）

（出所）『ACAP forum』5巻3号、1985年6月により作成。

具体的には、例会（活動内容の報告、消費者行政の動向把握、異業種の業界報告、講演）、施設見学会（行政機関、企業の工場、消費者対応窓口などの見学）、特別研究会（特定トピックの専門的な実践・研究）、自主研究会（消費者啓発、消費者部門、時事問題、事例研究などの研究）、異業種交流プラザ（業種横断的な情報・意見交換）、実務研修講座（新任者を対象としたロールプレイングによる研修）などに取り組んだ。

総じて、ACAPの活動は、人事異動のため専門性を育てにくい日本企業の環境を前提として、次々に入れ替わる担当者に対し、消費者対応という新しい業務への理解を深め、相互に交流をもてる場を与える意味があった。そして注目すべきは、そうした活動のなかで、ACAPが業務上の個別的な課題や担当者の資質向上に努めただけでなく、消費者対応の基本理念や、企業経営にとっての意義を繰り返し説いたことである。

たとえば、ACAPは、企業と消費者問題との関係を三段階論として、次のように説いた（消費者関連専門家会議編一九八八）。

すなわち、①最初の段階として、消費者問題を企業にとっての阻害要因として捉えたうえで、消費者からの声を企業活動の妨げとなる忌むべき苦情とみなし、その排除に腐心する段階がある。次に、②消費者問題を企業にとっての刺激要因と捉え直し、消費者の動向や考え方を企業活動に反映させようとする段階がある。そして最後に、③消費者問題を企業にとっての促進要因として捉え、差別化戦略のもとに顧客満足（ＣＳ）という企業目標に進む段階がある。

企業としては①から②へ、さらに③へと進むことが望ましく、それにつれて消費者対応部門の組織上の位置づけも、トップに直結した独立した組織になるべきだとされた。消費者対応部門は単なる苦情処理のための部署ではなく、顧客満足の追求に関わるマーケティング上の位置づけを与えられたのである。

興味深いのは、こうした位置づけの変化に対応するかたちで、部門名称にお客様という呼称を冠する動きが広がったことである。

この点をサントリーの例から見ておこう（表３－６）。

サントリーでは一九七六年に消費者対応部門を設置したが、このときの部署名は消費者室であった。当初は「苦情処理部門の色彩が強かった」という（『日本経済新聞』一九八九年四月一八日付夕刊）。八〇年には、情報分析にコンピュータを導入し、八七年に部署名をお客様相談部相談室へと改めている。八九年には、コンピュータを利用した消費者相談対応システムのSUN-Q-NET（サンキューネット）が本格稼働を開始、これが一九九七年に全社共有のお客様対応システムのハーモニクスへと全面的に改められ、問い合わせや苦情などをリアルタイムで全社共有しつつ、商品開発・改良などに利用する体制が整えられた。

	事項	相談件数（年間）	部門人員
1976年	消費者室を設置	0.3万件	東京3人／大阪2人
1980年	情報の分析にコンピュータを導入	—	—
87年	部署名をお客様相談部相談室へ	—	—
	全商品に問い合わせ電話番号の記載を開始	—	—
89年	SUN-Q-NETを本格稼働	1.4万件	—
1993年	生活環境部お客様相談室となる	3.0万件	計14人
95年	ホームページ開設	—	東京10人／大阪6人
97年	お客様対応システムのハーモニクス稼働	—	—
	Eメールでの問い合わせ受け付けを開始	—	—
98年	フリーダイヤルの導入	8.2万件	計17人
99年	消費者志向優良企業表彰を受賞	10.0万件	—
2002年	お客様コミュニケーション部を設置	—	—
03年	—	11.0万件	—
05年	JIS Q 10002の適合宣言	—	—
06年	新システムのネオハーモニクス稼働	—	—
07年	東京と大阪のお客様センターを東京に一本化	11.6万件	—
08年	—	—	25人
2017年	お客様志向自主宣言を公表	—	—

表3-6　サントリーにおける消費者対応部門の変遷

（出所）満薗（2023）により作成。
（注）相談件数は概数。

サントリーの消費者対応担当者は、ACAPの取り組みにも積極的に参加していた。サントリーの土居敬和《どいひろかず》は、ACAPの設立を中心的に担った一人で、一九八五年に専務理事、八六年に理事長となり、九一年からは顧問に就いている。土居は後年、「ACAPの活動と企業の消費者関連部門」という雑誌記事で、サントリーが「消費者窓口の名称を変更する前後に各社でやはり名称変更が行なわれ」ており、「大勢は〈消費者→お客様〉の流れ」であったと振り返る(『月刊自治研』一九九一年六月)。

部門名が判明する企業では、たとえば、イトーヨーカ堂は一九七四年に消費者室を設置したが、二〇〇一年にはこれをお客様相談室へと改めている。そのほか、キリンビールも消費者室(八一年)からお客様相談室(九一年)へ、ワコールは消費者課(七四年)からお客様相談室(九〇年)へと名称を変更したことが確認できる。さらに、九〇年代に入ってから消費者対応部門が新設された場合には、小林製薬(九三年)、JTB(九四年)、カルビー(九五年)のように、初めからお客様相談室の名称を用いる例が目立っている。

消費者からお客様へ

前出のサントリー・土居敬和は、ACAPの設立準備の頃を振り返りながら、消費者運動との緊張感を次のように語っている(『ACAP forum』一九九〇年一〇月)。

すなわち、ACAPの設立に際して、花王や松下電器の担当者とともに、各社の消費者対応部門を訪問して設立準備会への参加を呼びかけたが、「時期尚早を唱えるこの分野の先輩方もいた」。その理由は、「横断的組織を作ったら消費者団体から睨まれる、そして、そのような組織に属することは企業にとってマイナスだ」というもので、設立に際してSOCAPの名称にある「in Business」の語をACAPには付けなかったのも、「日本の（当時）の風土では企業のみの集まりでは消費者団体等からの批判が予想され、入会者も少なくなる」ことが懸念されたからだという。

実際に、ACAPの設立準備を報じた新聞記事を見ると、たとえば神戸市婦人団体協議会が「企業連合軍の共同防波堤では困る」とコメントしていたことが確認できる（『日経流通新聞』一九七九年一〇月一五日付）。

あるいは、ACAPの初代理事長を務めた柚木英夫《ゆのきひでお》（日立家電販売）は、一九七〇年代の「コンシューマリズムは企業を悪とし」、「対立する勢力として〝対決〟を迫」ったが、「消費者に本当に役立ち消費者が望む結果は、こうした対立から生れるのではなく、消費者の立場を企業が理解するところから生れる」として、「消費者・行政・企業の三者の話し合いの姿勢こそ消費者にとってもまた企業にとっても一番望まれる姿」だと語っていた（『消費と生活』一九八〇年一一月）。

土居も同様の趣旨から、「消費者・企業・行政の3者協調が日本では求められている」と述べている。消費者運動の歴史上、一九七〇年代後半の消費者問題神戸会議（神戸市と神戸市消費者協会の主催）が、企業・消費者・行政の三者合意システムを構築する考えを打ち出したことが知られる（国民生活センター一九九七）。消費者運動には、三者合意システムを行政や企業による運動潰しと見る見方も根強くあったため、ＡＣＡＰにも同様の批判が寄せられることは、十分に予想された。

一九八六年からＡＣＡＰ理事長を務めた土居は、八八年に理事長退任の挨拶文のなかで、ＡＣＡＰ設立当時の自身の思いを次のように述べている（『ACAP forum』一九八八年六月）。

当時一段落していたとはいえ、消費者問題が公害や住民運動等と共に企業に対してまだ厳しい状況でした。私は企業が意図的に社会に悪い行為をとる、などということはとても考えられず、対話集会に出席し、自分の所属する企業のことを悪意をもって言われることには我慢できませんでした。しかし、一方、消費者団体が企業に要求する気持ちも自分なりには解るつもりでしたので、この両者を対立するものとしてではなく、共存する存在として位置づける方法、仕組みを何とか見付けたかったのでした。

一九七〇年代における社会的緊張が、資本主義の根源的な批判にまで向かったことは、第2章で見た通りだが、ACAPは根深い企業不信に基づく対立を乗り越えるべく、消費者との対話や協調を図ろうとする狙いを持っていたことがうかがえよう。

その前提には、消費者の声が企業経営をよりよいものにしていくはずだという期待があった。この点を、土居は次のように語っている（『月刊国民生活』一九八九年一二月）。

企業即悪としか考えていないかのごとき運動家にぶつかることがあり、この時には、今までの対立の深さを思い知らされる。消費者、消費者運動、消費者団体と企業はディマンディング・パワー（要請勢力）であると同時にカウンター・ベーリング・パワー（拮抗勢力）として共存していきたいものである。企業は今消費者セクションを設け、消費者の声を企業経営にいかそうとしている。実際には虫の良い願いかも知れないが、大いに消費者は声を上げてもらいたいものである。口で言うほど「先取り」はできないものであるが、必ず近い将来、「声」は実現の方向に向かう。そして、この「声」を受けとめるのがわれわれ消費者関連部門である。われわれは消費者と企業の間の良き翻訳者としてその働きを示したいと思っている。

ここで語られる「企業即悪としか考えていないかのごとき運動家」への違和感は、他のACAP会員にも確認できる。

たとえば、ACAPの理事も務めた電機メーカーの会員は、「一部の消費者運動家」は「サイレント・マジョリティ」である「ものいわぬ大多数の消費者と区別」されるべきで、「いまだに一部の消費者運動家のリーダーの中に、企業というもの、企業活動を、消費者運動の前に立ち塞がる、強大で邪悪で油断も見せられぬ不倶戴天の相手であると思っている人がいること」に強い違和感を覚えるとして、次のように述べている（『消費と生活』一九九〇年一一月）。

弱者の消費者はつねに企業に騙され被害を受け、企業は少しの反省の色を見せず、相変わらず自然を破壊し公害を撒き散らし、欠陥商品を市場に送りだし、市民に大きな迷惑をかけている「社会の敵」だといった教条的な固定観念の持主がいて、企業の消費者担当者としては、いつも見解のギャップを感じている。

この語りを踏まえると、消費者からお客様へという部門呼称の変化がもつ意味も理解されよう。

土居は消費者とお客様との語感の違いについて、先述したサントリーでの名称変更の経緯に触れながら述べている（『月刊自治研』一九九一年六月）。

今、〈消費者〉という言葉を使っているが、この言葉に違和感を覚えてならない。私が所属している企業〔＝サントリー〕では一九八七年三月から部署の名称を変更した。一九七六年に広報室から分離独立して以来〈消費者室〉という名称であった。全社の機構見直しが行なわれた際、〈お客様相談部〉という名称になった。最初違和感があったが今ではむしろ〈消費者〉というとなにか突き放した感じがして居心地が悪い。〔中略〕言葉とは不思議なもので、当初〈消費者〉といって何の問題も感じなかったのが、最近では〈お客様〉といわないと何か大変失礼な物言いをしているような感じがするようになった。

ここに示される消費者という言葉への違和感は、消費者を企業に対抗する異質な他者とみなす視線に根ざしたものといえよう。それはACAP会員からすれば、一部の消費者運動家から発せられる消費者像にほかならない。それに対して、お客様という言葉には、消費者を自社の潜在的な顧客として、利害を共有すべき相手と見るニュアンスがこもっている。

一九九五年からサントリーでは、消費者から寄せられる批判的な声を、クレーム・苦情ではなくご指摘と呼ぶことに改める方針を全社的に採用した（近藤・松尾二〇〇八）。「お客様は苦情を言っているのではな」く、「商品が気に入って使っているからこそ」「貴重なエネルギーと時間をかけて連絡してくれているのだ」とするのが、そこでの捉え方であった。

クレーム・苦情という言い方には、「企業サイドが文句をつけられた、というニュアンスが否定でき」ないが、ご指摘という言葉には、「製品の改良点や、社員が気づかなかった点をわざわざ時間をかけて知らせてくれた、という意味合いがあ」る。それは単に言葉の問題ではなく、「お客様から寄せられた声から気づきをもらうという、受け取り方や姿勢」の問題だというのである。

この捉え方の先に、お客様をファンとする見方も出てくる。サントリーはお客様対応の意義を、次のような言い方で強調している（近藤・松尾二〇〇八）。

今や企業において、お客様対応は不可欠の存在です。この対応なくしては、企業の発展はありえません。声を寄せてくださるお客様は、その企業の商品を購入し、愛しているからこそ連絡してくるわけです。「苦情を言ってくるイヤな客」ではなく「ファンだから、もっとよくなってほしい」、そう思っているお客様なのです。こうしたお客様に支えられて企業は存在しています。

ここまで見てきた企業サイドの動きは、一九七〇年代の生活者とは異なる方向で、しかしやはり消費者に絡みつく固有の意味から離れようとするものだったと言える。消費者運動に組織されない消費者をお客様として捉え直す企業サイドの対応は、顧客満足の追求と合流するかたちで、消費者をファンとするマーケティング上の課題に結びついていった。

この方向は、ACAP全体の動向に沿うものであった。たとえば、「図解でわかる部門の仕事」シリーズの一冊として二〇〇〇年に公刊されたACAP編『お客様相談室』（日本能率協会マネジメントセンター）では、「お客様相談室の主な役割」は、「お客様に高い顧客満足（CS）を与え、また、お客様対応情報を社内にフィードバックして商品・サービスの改善・開発情報を提供し、お客様の企業に対するロイヤリティを強化することである」と強調される。

先述の経営学の議論に引きつければ、コンシューマリズムの領域に属するディスサティスファクション（＝不満）への対応から出発した日本企業の消費者対応部門は、お客様という捉え方を通じて、アンサティスファクション（＝非満足）の改善をめざすマーケティング上の課題に向き合う方向へと展開していったのである。

以上、本章では、企業が消費者をお客様として捉え直したことの歴史的意味を読み解いてきた。お客様という捉え方には、多様な属性と欲求を有する人間の実像に迫るニュアンスがある一方で、消費者の権利や責任を問う発想が乏しく、その満足自体の社会的意味を問う視点も欠けていた。規制緩和の成果とされた消費者利益の内実が深く問われなかったことも、顧客満足をめぐるそうした問題と同様の難点であったと考えられる。

終章では、この点も含めて消費者の現代史を総括しつつ、二〇一〇年代以降の展望を示すことにしよう。

終章　顧客満足と日本経済
——二〇一〇年代〜

序章で確認したように、消費者の立場を強調する議論は、利益、権利、責任という三つの観点を踏まえて読み解くと理解しやすい。加えて、消費者＝主婦と見るジェンダーの観点も、歴史的に重要なポイントであった。

これらを踏まえつつ、消費者と日本経済の現代史について、①一九六〇年代から一九七〇年代初頭までの消費者の時代、②一九七〇年代半ばから一九八〇年代半ばまでの生活者の時代、③一九八〇年代後半から二〇〇〇年代までのお客様の時代、という三つの時期区分に即して、まずは本書の内容を振り返ってみよう。

1　現代史から見えたもの

消費者の時代

一九六〇年代から七〇年代初頭までは、消費者という言葉が広く社会に定着した時期にあたる。その経済的な背景としては、高度経済成長とそれに伴う消費革命があった。そうした時代状況のなかで、経済同友会、日本消費者協会、ダイエー・松下戦争の事例は、それぞれ以下のような意味を持っていた。

すなわち、経済同友会は、消費者主権の理念を積極的に掲げたことで注目される。そこには東西冷戦構造のもとで、独裁と社会主義を否定し、民主主義と資本主義を肯定しようとする意味が込められていた。経済同友会が主導する生産性向上運動は、消費者への成果配分に国民運動としての正当性を求めるとともに、消費者主権の理念や、「消費者は王様である」という言葉を日本に広める歴史的な役割を果たした。

こうした動きの底流には、大塚萬丈らの修正資本主義論があった。

修正資本主義論はまず、労働者が生産を司る社会主義を否定する。労働者の利害は、消費者の利益という国民経済全体の包括的な利益に比べると部分的だからである。そのうえで、所有と経営の分離を説き、資本家でなく経営者こそが企業運営を司るにふさわしいと強調する。消費者の利益は、優良かつ低廉な商品が多量に生産されることで実現するから、利潤動機に律せられる資本家よりも、生産それ自体に関心の基礎を置く専門経営者こそが、消費者の利益をよりよく実現できる――。

このような発想のもとに、修正資本主義論は、消費者利益の観点から経営者資本主義の正統性を主張するものだった。

経済同友会が主導した生産性向上運動からは、日本消費者協会という消費者団体も生まれた。日本消費者協会は、商品テスト事業とともに、かしこい消費者の育成という観点から消費者教育・消費者啓発に取り組んだ。

そこでは、買い物上手的なかしこさが強調され、商品の選択に関わる正しい知識と、合理的な判断能力の養成が目指された。かしこい消費者による商品選択は、日本企業の製品やサービスを向上させることにもつながる。日本消費者協会は、このような発想のもとで、企業の競争力強化や経済成長という国家的課題のなかに、消費者を包摂していく役割を果たした。

消費革命という従来の生活経験では対処しがたい変化のなかで、かしこい消費者という規範は、消費を担う主婦の主体的な取り組みを引き出す力をもった。一方で、その規範が、経済成長を力強く支える責任の面から消費者の主体化を促したことは、消費者の権利への理解を狭めていく方向にも作用した。

他方、企業レベルに目を転じると、ダイエー・中内㓛が、消費者主権の理念に基づく安売り哲学を掲げたことが注目される。そこでの焦点は、価格決定の原理と主体にあり、企業によるコスト主義ではなく、消費者が求める価値によるバリュー主義こそが望ましいとされ、店頭で消費者と接する流通業者こそが価格決定権をもつべきだと説かれた。中内の安売り哲学は、メーカーによる価格支配を否定する意味を持ち、いわゆるダイエー・松下戦争へと展開した。

松下幸之助の経営理念は、水道哲学として知られ、フォーディズムへの共鳴を示しつつ、コストを踏まえた適正利潤の追求という発想から、流通系列化を推し進めていた。しかし、それが独占価格正当化論に行き着いてしまうと、独占禁止法の理念に反するものとなる。消費者団体によるカラーテレビ買い控え運動が、一般消費者の利益を確保するという独占禁止法の理念と共振し、ダイエー・松下戦争は松下の敗北に終わったのであった。

ただし、安売り哲学と水道哲学は、大量消費による低価格の実現という目標を共有していた。先に見たように、経済同友会も、優良かつ低廉な商品が多量に生産されることこそが消費者利益につながると捉えていた。大量生産・大量消費こそが消費者利益にかなうとする前提が共有されていたことに、高度経済成長期の特徴があった。

生活者の時代

一九七〇年代半ばから八〇年代半ばまでは、生活の質への関心が高まった時期にあたる。その背景には、経済成長への反省と石油ショックのインパクトがあり、公害問題や資源・環境への取り組みに注目が集まるとともに、一定の生活充足を前提として、量より質を問う生活様式に関心が向けられた。こうしたなかで、消費者に代わって生活者という言葉が使われだす。

生活者には、幅のある意味が含まれていた。環境問題に対する消費者の加害責任を重く見る立場からは、資本主義への根源的疑問に向かう意味が込められた一方、消費の個性化を求める立場からは、画一的な消費を押しつける事業者に反発する意味が込められていた。いずれにしても、大量消費の実現こそが消費者の利益であるという、一九六〇年代の前提を否定する意味を持っていたと言える。

実際に、そうした消費者像を乗り越え、よりよい経済社会を築こうとする社会運動や企業活動も目立った。生活クラブ、有機農業運動、堤清二の事例からは、以下のように、人間らしい生活の質を求めて、資本主義を相対化する発想が見られた。

すなわち、生活クラブは、消費材という用語に象徴されるように、財の商品性を否定しなから使用価値を追求することに取り組んだ。そこには、生産者との提携を通じて消費者エゴを超克し、資本主義のオルタナティブを構築しようとする発想があった。

生活クラブのこうした取り組みは、消費者として暮らす主婦の市民性を喚起し、生き方を変える女性たちの運動へと展開したが、男性を生活者として捉える発想が乏しかったため、運動の指導者との間に、ジェンダー非対称な関係を抱えていた。性別役割分業規範をもとにした消費者＝主婦という認識は、生活クラブが説く生活者像にも色濃く受け継がれていたのである。

有機農業運動は、産消提携を通じた近代農業の根源的な問い直しに向かい、近代文明を深い次元から相対化しようとする価値体系を有していた。そこには農の工業化につながる農産物の商品性を強く否定する発想があり、食文化の担い手たるべき消費者の立場も鋭く問われた。なかでも日本有機農業研究会は、生産者と消費者との関係を互恵的贈与関係として編み直すことを目指し、消費者には加工食品を前提とする食生活を見直すよう厳しく求めた。

大地を守る会は、生産者と消費者の間の農産物流通を媒介する事業体としての性格を色濃く持ち、産消提携を有機農業運動の本来のあり方と見る日本有機農業研究会からは厳しい批判の対象となった。ただし、消費者エゴを超克し、消費者と生産者との間に新たな共同性を築こうとする点では、有機農業運動に共通する狙いを持っていた。しかし、消費者の立場をどこまで問い直すべきかは難問であり、運動とビジネスとの間の難しい舵取りに課題を残した。

以上のように、生活クラブや大地を守る会には、消費者エゴを乗りこえようとする共通の発想があり、消費者の立場を問い直す理念と実践があった。それは一面で運動としての思想的強さであった。しかし、その反面、消費者の立場を厳しく問うほど、便利で快適な暮らしの根本的な見直しを迫ることになり、運動の担い手を広げにくくする。有機農業運動のなかでは、消費者の立場を厳しく問い直す発想が、消費者の権利をめぐる問題を後景に退かせる方向にも作用していた。

他方、一九七〇年代の生活の質をめぐる問いを深いレベルで受けとめながら、それをビジネスの成長につなげたのが、堤清二であった。彼の説くマージナル産業論は、消費を人間の論理に引きつけて捉え直すことで、六〇年代的な資本の論理が貫徹する世界を否定した。

マージナル産業論には、画一的な生活様式につながる大量消費を否定する発想があり、その先に、記号的消費のなかに人間の能動性を発揮させようとするパルコの事業展開があった。あるいは、コンシューマリズムの高揚による社会的緊張を、人間の論理に即して深く受けとめようとする発想の先に、商品科学研究所の創設があった。そして、商品世界を生活者の視点から再構成しようとする商品科学研究所の取り組みは、無印良品の展開へと結びついた。

こうして、実業家である堤は、生活の質をめぐる問いをビジネスに落とし込み、人間の論理を資本の論理に埋め込む方向で、資本の論理を再編成した。生活クラブや大地を守る会に比べれば、消費者エゴを乗りこえようとする発想は弱い。他方、消費者であり続けることを許すセゾンの生活者像は、便利で快適な暮らしを手放さない人びとを包み込むものであった。ラーメンデパートと呼ばれた百貨店の経営から出発した堤は、そのような消費者をとらえることに成功し、セゾングループという巨大な企業グループを築き上げたのである。

お客様の時代

一九八〇年代後半から二〇〇〇年代までは、企業と消費者との関係がお客様をキーワードに編み直された時期にあたる。

国民経済レベルでは、規制緩和の進展が消費者利益にかなうものと説かれたが、その代わりに、消費者には市場原理を支える責任があるとされ、取引主体としての自己責任が求められた。そこでの関心は取引主体としての側面に焦点が当てられ、人間らしい暮らしや生活の質といった問題は後景に退いていった。

一九七〇年代の生活の質をめぐる問いをくぐり抜けた消費者運動は、消費者利益が複雑な内実をもつことをよく理解していた。しかし、それゆえに、規制緩和に対しては総論賛成・

各論反対という、外からはわかりにくい立場を迫られ、あるいは消費者保護を政府に求めること自体が、規制緩和のもとでの自己責任原則に反するとされ、苦しい立場に置かれた。

他方、企業レベルでは、消費者をお客様と捉える見方が急速に広がり、現実における消費者利益の実現は、以下のように、顧客満足の追求という企業レベルの取り組みに多くを委ねられた。

すなわち、お客様という言葉には、多様な属性と欲求をもつ人びとを、生身の人間として把握するニュアンスが含まれる。消費者＝主婦という認識が解体していくなかで、企業レベルでは、多様な属性と欲求をもつリアルな消費者の姿を、お客様として捉え直したのである。

顧客満足（CS）という理念の広がりは、そうした歴史的文脈のなかで、サービス経済化の進展に対応する意味をもった。しかし、そこでの満足が社会的に見て望ましいかどうかはさしあたり視野の外に置かれ、企業は顧客の不満や非満足の改善に注力した。それは、消費者利益の複雑な内実に向き合うことを棚上げする国民経済レベルの発想と、表裏一体であったと考えられる。

新市場の創造を遂げた事例のなかでも、顧客満足の追求に徹底して取り組む企業の存在が目立った。実際に、ヤマト運輸、セブン－イレブン、ユニクロ、ニトリなどは、お客様の立場から深いイノベーションを達成し、消費者としての暮らしを便利で快適なものへと導いた。

また、企業の消費者対応部門は、コンシューマリズムへの対応という文脈から、一九七〇年代から整備が始まったが、ACAPによる取り組みなどを通じて、顧客満足の理念と接合された。お客様相談室の役割は、顧客満足の追求というマーケティング上の課題に応えるものとされたのである。そのなかで企業が向き合う消費者像は、利害対立を含む異質な他者としての消費者から、自社のファンとすべきお客様へと大きく転換した。

総じて、顧客満足の追求は、便利で快適な暮らしの実現過程にほかならなかったが、その裏面で、消費者の権利や責任をめぐる問題は不可視化され、消費者運動への社会的な関心はいっそう低下した。

グローバル化とサービス経済化が進むなかで、顧客満足の追求は、景気浮揚や経済成長を力強く牽引する力はもたず、労働強化による過重労働や待遇悪化というかたちで人びとの働き方にそのしわ寄せがきて、多くの働く者に不安や生きづらさをもたらしたと考えられる。

以上の歴史を踏まえると、二〇一〇年代以降の新しい消費動向をどう理解できるだろうか。

2　新たな潮流——エシカル消費、応援消費、推し活

カスハラなどの新たな問題

顧客満足の追求が、さまざまなかたちで経済社会の疲弊に結びついたことは、二〇一〇年代以降、その反省とともに広く理解されるようになったと思われる。

たとえば、いわゆるブラック企業の労働問題には、過剰な顧客サービスの要求に応えようとするがゆえに深刻化した面があるとされる（今野・坂倉二〇一四）。物流危機の状況にともなうトラックドライバーの労働問題をめぐっても、顧客満足の追求を内面化した現場労働者の苦しい立場が浮き彫りにされている（首藤二〇一八）。

本論で見たコンビニ加盟店オーナーに関しても、その過重労働の実態に社会的な関心が向けられるようになった（木村二〇二〇、満薗二〇二一）。コンビニに対して、防犯・見守り拠点や、災害時の物資供給拠点といった社会的なインフラとしての機能を求める見方が、オーナーの負担をさらに重くすることも懸念されている。

また、接客業や対応窓口でのカスハラ（カスタマー・ハラスメント）も社会問題となり、「お客様は神様」という言葉の曲解による暴走が、働く人びとの心身をむしばむ現状への解決が求められている（NHK「クローズアップ現代＋」取材班編著二〇一九）。

地方に目を向ければ、人口減少社会のなかで東京一極集中が進む問題は、地方消滅の危機として語られ（増田編著二〇一四）、商店街の衰退とまちづくりの取り組みに対する関心も高まってきた（満薗二〇一五、広井編二〇二四）。

グローバルな視点からは、途上国の劣悪な労働環境に支えられた先進国の商品調達のあり方に、批判的な目が向けられている（長田二〇一六）。二〇一三年にバングラデシュで起きたラナ・プラザ崩落事故は、ビルの崩落によって、入居する縫製工場の女性労働者に多くの犠牲を出し、そうした問題を象徴する悲劇として重く受けとめられた。

環境問題でも、フードロス問題、アパレル製品の大量廃棄、海洋プラスチック汚染など、便利で快適な暮らしを求める消費者のあり方に起因する問題が山積している（中村・藤田二〇一九、枝廣二〇一九）。

こうした社会問題に関心が集まるなかで、エシカル消費や応援消費という近年の新しい消費動向は、消費者が社会や経済を変えるという期待を背負う位置にあると言えよう。

最後に、それぞれの可能性と留意点を本書なりに整理しておきたい。

エシカル消費とSDGs

エシカル消費は、倫理的消費とも訳される。もともとは一九八九年にイギリスで創刊された雑誌 *Ethical Consumer* によって広がった概念で、動物、環境、人間、政治、持続可能性などに関わる道徳的な問題を考慮した消費を意味する（間々田ほか二〇二一）。

日本では二〇一〇年代から少しずつ知られる言葉となり、消費者庁もエシカル消費の啓蒙に乗り出した。二〇一五年には一般社団法人エシカル協会が設立され、エシカル消費を通じて考えるべき社会課題として、脱炭素、海洋プラスチック、フードロス、児童労働・強制労働といった問題に関わる啓発活動に取り組んでいる（一般社団法人エシカル協会編二〇二二）。

二〇一五年に国連総会で採択されたSDGsで、ゴールの一つに「つくる責任、使う責任」が設定されると、エシカル消費は、その達成に結びつく実践としても注目された。消費者庁による第四期「消費者基本計画」（二〇二〇～二四年度）でも、次のように捉えられている。

SDGsの12番目の目標「つくる責任 つかう責任」等の視点に立ち、消費者の消費活動自体が未来に向けた投資であるとの意識の下、幅広い観点から、消費者・消費者団体と事業者・事業者団体との連携・協働を通じた経済・社会構造の変革に向けた取組を消費者行政として積極的に推進する必要がある。このため、食品ロスの削減に係る取組や、海洋プラスチックごみ問題の解決に向けて推進されている「プラスチック・スマート」キャンペーンに係る取組、地球温暖化対策に係る取組など、地域の活性化や雇用等も含む、人や社会・環境に配慮して消費者が自ら考える賢い消費行動、いわゆるエシカル消費等に関する取組を体系的・総合的に進める必要がある。

本書の文脈から見ると、エシカル消費を賢い消費行動の一環として捉えていることが興味深い。かしこい消費者のかしこさの内実が歴史的に変わり得るという視点は重要である。ただし、消費者団体への社会的関心が低下し、消費者行政も予算や人員の不足に悩まされるなかでは、企業と消費者との関係それ自体に、社会変革に向けた営為が強く求められよう。

応援消費と推し活の隘路

その点で注目されるのが、応援消費の可能性である。

応援消費は、二〇一一年の東日本大震災以降に広まったといわれる。もともとは、被災地の産物の購入や、観光で被災地に赴いてお金を使うことなど、災害からの復興支援という意味合いが強かった。しかし、しだいに、好きなお店やブランド、アーティストなどを応援する意味も込められ、現在では、推し活を通じた消費行動を応援消費の一種と捉える見方もある。

応援消費には、純粋な消費にない贈与としての性格が含まれている（水越二〇二二）。消費を通じた応援には、純粋な売買関係以上の意味が込められるが、しかし純粋な寄付でもないという特徴がある。先述のさまざまな社会問題が、純粋な市場原理の発露によるとすれば、純粋な売買関係からは問題解決の糸口を見いだせないことになるから、応援消費に期待が高まるのも首肯できよう。

ただし、これまでの歴史を踏まえると、互恵的贈与関係を含む消費には、固有の難点や隘路があると考えられる。

たとえば、有機農業運動では、互恵的贈与関係を追求するなかで、消費者の権利という観点が押し流されてしまっていた。大地を守る会の取り組みでも、贈与性の介在によって、生産者と消費者との間の取引関係に固有の危うさを抱えていた。純粋な贈与ではなく、純粋な消費でもないという応援消費は、何かに律せられない限り、不安定な関係や望ましくない結果につながりやすい。

実際に、そうした危うさは、推し活がはらむ問題に表れている。

推しという言葉は、一九八〇年代頃からアイドルオタク界隈で発祥した俗語とも言われる。二〇一二年頃から、ライブに行ったりグッズを買ったりする活動がオタ活と呼ばれるようになり、推しをさまざまなかたちで応援する推し活が浸透したとされる（廣瀬二〇一三）。

現在では、推しとはアイドルに限らず、ファンとして他人に勧めたいほど好きな人やモノなどのことを、広く指す言葉として使われている（久保二〇二二）。推しの存在は、自身に幸福や生きがいをもたらすとされ、「推し活は、自分がいきいきするためのウェルビーイングな自己投資」だとも言われる（HAKUHODO & SIGNING「OSHINOMICs Report」二〇二四）。

しかし、推しの存在に自身の生きがいを見出すこうした態度は、推しへの依存と背中合わせのもので、消費の面では無理な出費につながりやすい（廣瀬二〇二四）。ＳＮＳの利用やファン同士のコミュニティのなかで、自身の消費行動の意味が可視化されやすいことも、そうした無理な出費に拍車をかけている。

さらに、そこにどれだけ無理があるように見えても、「誰も他人の好きなモノを奪う事は出来ない」がゆえに、法律や公序良俗に反しない限り他人が介入する余地はないとされ、「推し活は全て自己責任」だと強調される（廣瀬二〇二四）。

ただし、事業者の側は、推し活に有望な成長市場を期待して熱い視線を注いでいる。特にマーケティングの観点からは、推し活が高関与購買行動として把握され、顧客生涯価値の向上に取り組むことが重要だと説かれる（水越・田嶋二〇二三）。

すなわち、推しへの強い関心をもつ買い手は、対象への関与度が高いため、事業者から見ると、たとえばプロモーションにかける費用が少なく済む一方で、製品には高価格の設定が可能で、高い客単価を見込める。したがって、ターゲットとなるファンを囲い込むことで、長期にわたって自社に価値をもたらすよう努めるべきだというのである。

推し活に関わる消費行動に、こうした事業者の論理が介在する以上、消費者は事業者との関係において構造的な弱者である事実に変わりはなく、消費者の権利を守る視点は欠かせない。特に、推しを応援する気持ちが対象への依存と背中合わせであることを踏まえれば、推し活に関わる消費においては、買い手側の交渉力が弱くなりがちで、自己投資や生きがいという思いが強くなればなるほど、消費者の立場が不可視化されやすいことにも留意する必要があろう（藤谷二〇二四）。

加えて、推し活をめぐっては、推す側に経済的負担をかける一方で、推される側にも心身への強い負荷をもたらす懸念が認識されるようになってきた。贈与論が説くように、そもそも贈与には互酬性の原理があり、贈られた側は何らかの返礼を行うべきだとする社会規範が伴う（マルセル・モース二〇〇九）。贈与論からみれば、推す側が多くの金銭を投じるほど、純粋な売買関係に解消されない贈与性が、互酬性の原理を介して推される側にプレッシャーをもたらすことになる。「これだけ推しているのに」という推す側の思いも、消費と贈与の曖昧な混沌のなかで、やり場がなく鬱積しやすい（横川二〇二二）。

その一つの悲劇的な末路として、ホストクラブやコンセプトカフェ（コンカフェ）の場で、推し活における過剰な贈与性の発露が、命のやりとりにまで進んでしまう現状も報告されている。新宿・歌舞伎町の現場を取材した立場から、「「推し」という言葉で大きくくくられているもののなかにある暗部に気をつけながら、間違いやすい我々を大人は導いてほしいと思う」との言葉が発せられる状況に（佐々木二〇二二）、推し活の隘路がよく表れているといえよう。

推し活を含む応援消費には、消費者の利他的な行動が社会を変えていく可能性がたしかに認められる。しかし、純粋な贈与ではなく、純粋な消費でもない応援消費は、互恵的贈与関係としても安定せず、売買関係としても安定しない危うさを抱えている。応援したいという気持ちは、それとは別の何らかの望ましさに律せられるかたちで、消費に結びつけられなければならない。応援消費に社会を変えていくポジティブな可能性を託すのであれば、消費者の権利や責任の問題に改めて留意しつつ、そこに含まれる贈与性をどう手なずけていけるのかが問われてこよう。

顧客満足の社会的責任

本書で見てきたように、顧客満足に応えようとする企業サイドの動きは活性化している。消費者が何に満足するのかが変われば、企業の製品やサービスも変わる。二〇一〇年代以降に広がった新しい消費行動も、それが消費者の満足につながるものである限り、企業のあり方を現実に変えていくものとなる。

ただし、お客様を自社に囲い込もうとする企業の取り組み自体は、ファン・マーケティングという目的に連なる限り、顧客満足のジレンマを免れない。顧客満足のジレンマを超えて、消費を通じた望ましい経済社会を実現していくうえでは、お客様という立場を超えて、消費者の側が、消費者としての社会的責任を共有しなければならない。

高度で複雑な社会的分業のなかで生きる私たちにとって、人間らしい暮らしとは何かという問いは重い。成熟社会における消費者利益の複雑な内実に目を向けようとすれば、多様な属性と欲求をもつ人びとの存在や、消費がもたらす複雑な影響関係に目を凝らす必要も生じる。あるいは、そもそも消費者はその内側に、富の偏在を前提とする不平等を抱え込んだ存在でもある。

消費者が社会や経済を変えることを期待するならば、このような問題に向き合い、顧客満足の社会的責任を問うなかから、よりよい未来のあり方を構想してゆかねばなるまい。

あとがき

本書は、現代日本における消費者の歴史を綴ったものである。

歴史学の分野、とりわけ日本近現代史研究において、消費史というテーマは、それほど古くから取り組まれてきたものではない。当然、本書の成り立ちも、そうした研究状況と無縁ではないから、読者の便宜のため、あるいは後学のためにも、研究史上における本書の位置づけを、ごく簡単に記しておくことにしたい。

消費に関わる対象それ自体、たとえば衣食住や家計のありようなどは、古くから風俗史研究や生活史研究のなかで取り組まれてきた。それに対して、消費者という固有のアクターがもつ歴史上の意味を初めて明示的に追究したのは、原山浩介『消費者の戦後史——闇市から主婦の時代へ』（日本経済評論社、二〇一一年）であった。

原山氏の研究は、直接には消費者運動を対象としつつ、労働者の利害との相剋、一般消費者の認識とのズレなどを視野に入れたうえで、戦後日本における消費者の位置づけを広く見渡そうとした画期的な成果といえる。

同書を得たことにより、社会学のなかで注目されてきた生活クラブの取り組みも、その歴史上の位置づけを理解することが可能となった。天野正子『「生活者」とはだれか――自律的市民像の系譜』（中公新書、一九九六年）に代表される生活者の歴史に関する議論も、原山氏の研究を踏まえると、消費者をもっぱら受動的でネガティブな存在として否定的にみてきた点で、平板な歴史理解にとどまっていたと捉え直せる。

消費者と生活者の対照という論点は、（本書では取り上げていないが）新生活運動を理解するうえでの一つの焦点でもあり、私自身も、大門正克編著『新生活運動と日本の戦後――敗戦から一九七〇年代』（日本経済評論社、二〇一二年）に結実する共同研究のなかで議論を深める機会を得た。高畠通敏の議論をベースに一九七〇年代史を理解することの有効性も、この共同研究のなかで学んだことの一つであった。

それでもなお、消費者の歴史をたどるうえでは、一九八〇年代以降の歴史をどうみるかという大きな課題が残されていた。消費者団体の影響力が社会のなかでいっそう見えにくいものとなり、生活者という言葉も一九七〇年代ほど多くの人びとを惹きつけるものではなくなっていく時代をどう捉えたらよいのか、という問題である。

たまたま数年前に機会を得て、「企業と消費者のパイプ役」として活動したヒーブの歴史を追うことになった私は、ヒーブと関連の深いＡＣＡＰの活動を知った。結果としては、そこから一九八〇年代以降の消費史理解に展望が拓かれた。消費者からお客様へという消費者像の転換は、お客様というキーワードの歴史的な意味を問うものだったからである。

消費者、生活者、お客様という枠組みから消費者の現代史を通観した本書は、このような研究状況を踏まえて成り立っている。したがって、着想のベースは、広い意味での運動史にあるといってよいが、財界や企業人の認識も含めて、それを広く日本経済の歴史のなかに位置づけようとしたところに、本書の特長がある。近年では、日本経済史の分野でも、消費の実態に迫ろうとする問題関心が共有されつつあるため、そうした関心からも本書が読まれることを期待したい。

もちろん歴史叙述としての成否は、読者の判断に委ねるほかない。後学の手によって本書が批判的に乗り越えられ、実証的な消費史研究がさらに活性化していくことを望んでいる。

さて、こうしてまとめてみると、新分野の開拓という性格が色濃い消費史研究は、決して私一人の力では前に進められなかったと痛感する。新生活運動をめぐる共同研究をはじめとして、政治経済学・経済史学会、社会政策学会、マーケティング史学会、日本商業学会関東部会などの場で、本書の着想につながる機会を与えていただいた諸先生に、この場を借りてお礼を申し上げたい。

振り返ってみれば、中央公論新社の上林達也さんから最初にメールをいただいたのは、二〇一六年一〇月のことであった。私としては、『商店街はいま必要なのか――「日本型流通」の近現代史』(講談社現代新書、二〇一五年)を刊行した後のことで、まだ次の本の構想など練られない状態であったと記憶する。

いま上林さんからのメールを読み返してみると、『商店街はいま必要なのか』のみならず、最初の私の単著である『日本型大衆消費社会への胎動――戦前期日本の通信販売と月賦販売』(東京大学出版会、二〇一四年)に加えて、前出の『新生活運動と日本の戦後』までお読みいただいたことが記されている。目配りの広い上林さんから本書執筆のお誘いを受けたことに、幸運を感じずにはいられない。

そこからずいぶん時間が経ってしまったが、本書の企画段階では、当時同社にいらした楊木文祥さんに多くの助言をいただいた。人物や事例に分け入っていく本書の構成は、楊木さんとの議論のなかで生まれたものである。編集段階では、再び上林さんのお世話になり、よりリーダブルな本になるようご尽力いただいた。それぞれ記して感謝申し上げたい。

二〇二四年六月

満薗 勇

参考文献

アクロス編集室編著（一九八四）『パルコの宣伝戦略』ＰＡＲＣＯ出版
天野正子（一九九六）『「生活者」とはだれか――自律的市民像の系譜』中公新書
天野正子（二〇一二）『現代「生活者」論――つながる力を育てる社会へ』有志舎
池本誠司（二〇〇六）「日本弁護士連合会消費者問題対策委員会」『日本消費者問題資料集成4　日本弁護士連合会資料』別冊、すいれん舎
石井寛治（二〇〇三）『日本流通史』有斐閣
石井淳蔵（二〇一七）『中内㓛――理想に燃えた流通革命の先導者』ＰＨＰ研究所
石原武政編著（二〇一一）『通商産業政策史　１９８０‐２０００　第４巻　商務流通政策』経済産業調査会
一般社団法人エシカル協会編（二〇二二）『エシカル白書　２０２２‐２０２３』山川出版社
伊藤雅俊（一九九八）『商いの道　経営の原点を考える』ＰＨＰ研究所
井上拓也（二〇一二）「日本の消費者団体のシステム――顧客消費者と市民消費者の間で」『年報政治学』２０１２年度Ⅱ号
色川卓男（二〇〇四）「日本における消費者教育の歴史的評価と今日的課題――国の消費者行政による消費者教育施策の歴史からみる」『静岡大学教育学部研究報告』人文・社会科学篇、54号
岩田憲治（二〇〇六）『人事労務管理制度の形成過程――高度成長と労使協議』学術出版会
岩根邦雄（一九七九）『生活クラブとともに――岩根邦雄半生譜――』新時代社
岩根邦雄（二〇一二）『生活クラブという生き方――社会運動を事業にする思想』太田出版

上野千鶴子（二〇一三）『女たちのサバイバル作戦』文春新書
宇沢弘文（一九七四）『自動車の社会的費用』岩波新書
宇田和子（二〇一五）『食品公害と被害者救済――カネミ油症事件の被害と政策過程』東信堂
宇野政雄・正木英子・酒井章一編著（一九七〇）『かしこい消費者』民間放送教育協会
枝廣淳子（二〇一九）『プラスチック汚染とは何か』岩波ブックレット
ＮＨＫ「クローズアップ現代＋」取材班編著（二〇一九）『カスハラ――モンスター化する「お客様」たち』文藝春秋
老川慶喜（二〇二四）『堤康次郎――西武グループと20世紀日本の開発事業』中公新書
大森真紀（二〇二一）『性別定年制の史的研究――１９５０年代〜１９８０年代』法律文化社
大矢勝（一九九八）「洗剤論争に関する歴史的考察」『横浜国立大学教育人間科学部紀要Ⅲ』社会科学１
大矢勝（二〇〇一）「合成洗剤・石けん論争のその後」『繊維製品消費科学』42巻8号
岡崎哲二・菅山真次・西沢保・米倉誠一郎（一九九六）『戦後日本経済と経済同友会』岩波書店
荻野美穂（二〇〇八）『「家族計画」への道――近代日本の生殖をめぐる政治』岩波書店
小倉昌男（一九九九）『小倉昌男 経営学』日経ＢＰ社
尾崎（井内）智子（二〇一七）「高度経済成長と消費生活の変化――コープこうべの牛乳販売事業から」庄司俊作編著『戦後日本の開発と民主主義――地域にみる相剋』昭和堂
小澤祥司（二〇一九）『日本一要求の多い消費者たち――非常識を常識に変え続ける生活クラブのビジョン』ダイヤモンド社
落合恵美子（二〇一九）『21世紀家族へ――家族の戦後体制の見かた・超えかた』第4版、有斐閣
小野譲司（二〇〇八）「顧客満足に関する5つの質問――ソリューション、価値共創、顧客リレーションシップはなにを示唆するか」『マーケティングジャーナル』27巻3号
加護野忠男編著（二〇一六）『松下幸之助――理念を語り続けた戦略的経営者』ＰＨＰ研究所

加島卓（二〇一四）「「社会」を語る文体とセゾンの広告――「作者の死」と糸井重里の居場所」『ユリイカ』46巻2号
加藤健太・大石直樹（二〇一三）『ケースに学ぶ日本の企業――ビジネス・ヒストリーへの招待』有斐閣
加藤登紀子編（二〇〇九）『農的幸福論――藤本敏夫からの遺言』角川文庫
川辺信雄（二〇〇三）『新版　セブン‐イレブンの経営史――日本型情報企業への挑戦』有斐閣
岸本徹也（二〇〇八）「日本におけるスーパーマーケット研究の系譜と展望」『マーケティングジャーナル』28巻1号
木村義和（二〇二〇）『コンビニの闇』ワニブックスPLUS新書
木本喜美子（一九九五）『家族・ジェンダー・企業社会――ジェンダー・アプローチの模索』ミネルヴァ書房
木本喜美子（二〇〇四）「家族と企業社会――歴史的変動過程」渡辺治編『変貌する〈企業社会〉日本』旬報社
久保（川合）南海子（二〇二二）『「推し」の科学――プロジェクション・サイエンスとは何か』集英社新書
熊沢誠（二〇〇〇）『女性労働と企業社会』岩波新書
倉敷伸子（二〇一三）「消費社会のなかの家族再編」安田常雄編『社会を消費する人びと――大衆消費社会の編成と変容』岩波書店
国民生活センター（一九九〇）『専門流通事業体による有機農産物取扱いの実態』国民生活センター
国民生活センター編（一九八一）『日本の有機農業運動』日本経済評論社
国民生活センター編（一九九二）『多様化する有機農産物の流通』学陽書房
国民生活センター編（一九九七）『戦後消費者運動史』大蔵省印刷局
小島庸平（二〇二一）『サラ金の歴史――消費者金融と日本社会』中公新書
小松章（二〇〇六）「理念形成と経営公開――松下電器の株式会社化をめぐる客観事情（2）」『論叢松下幸

之助』6号
近藤康子・松尾正二郎（二〇〇八）『サントリーがお客様の声を生かせる理由』中経出版
今野晴貴・坂倉昇平（二〇一四）『ブラック企業VSモンスター消費者』ポプラ社
コンビニ加盟店ユニオン・北健一（二〇一八）『コンビニオーナーになってはいけない――便利さの裏側に隠された不都合な真実』旬報社
斉藤徹史（二〇一三）『規制緩和の経験から何を学ぶのか』総合研究開発機構
齋藤憲道編著（二〇〇九）『消費者庁――消費者目線で新時代の経営を創る』商事法務
佐々木チワワ（二〇二二）『「ぴえん」という病――SNS世代の消費と承認』扶桑社新書
佐藤正弘（二〇〇五）「ずらしゆくイノベーション――顧客満足のジレンマからの脱却を目指して」『商学研究論集』22号
佐藤慶幸編著（一九八八）『女性たちの生活者ネットワーク――生活クラブに集う人々』文眞堂
佐藤慶幸・天野正子・那須壽編著（一九九五）『女性たちの生活者運動――生活クラブを支える人びと』マルジュ社
篠原一（一九七一）『現代日本の文化変容――その政治学的考察』れんが書房
嶋口充輝（一九九四）『顧客満足型マーケティングの構図――新しい企業成長の論理を求めて』有斐閣
島田剛（二〇一八）「生産性向上のアメリカ対日援助の戦略と労働組合、アジアへの展開――被援助国としての日本の経験」『国際開発研究』27巻2号
下谷政弘（一九九八）『松下グループの歴史と構造――分権・統合の変遷史』有斐閣
首藤若菜（二〇一八）『物流危機は終わらない――暮らしを支える労働のゆくえ』岩波新書
正田彬（二〇一〇）『新版 消費者の権利』岩波新書
消費者関連専門家会議編（一九八八）『消費者対応実務事典』法令総合出版
杉山伸也（二〇一二）『日本経済史――近世-現代』岩波書店

鈴木敏文（二〇二二）『鈴木敏文のＣＸ（顧客体験）入門』プレジデント社
鈴木敏文（二〇一三）『売る力――心をつかむ仕事術』文春新書
鈴木敏文（二〇一四）『挑戦 我がロマン――私の履歴書』日経ビジネス人文庫
鈴木深雪（二〇一〇）『消費者政策――消費生活論』第5版、尚学社
生活クラブ生活協同組合編（一九七八）『主婦の生協づくり』三一書房
生活クラブ生活協同組合・神奈川（二〇二一）『生活クラブ神奈川創立50周年記念誌』生活クラブ生活協同組合・神奈川
生活クラブ生協神奈川〝自分史〟編集委員会編（一九八一）『生き方を変える女たち』新泉社
西武百貨店労働組合（一九八八）『西武百貨店労働組合30年史』西武百貨店労働組合
セブン‐イレブン・ジャパン（一九九一）『セブン‐イレブン・ジャパン　終りなきイノベーション　1973‐1991』セブン‐イレブン・ジャパン
セブン‐イレブン・ジャパン（二〇〇三）『セブン‐イレブン・ジャパン　終りなきイノベーション　1991‐2003』セブン‐イレブン・ジャパン
全国地域婦人団体連絡協議会（一九八六）『全地婦連30年のあゆみ』全国地域婦人団体連絡協議会
高木修・坂口哲司（一九七八）「消費者運動の変遷過程とその社会的背景――合成洗剤問題に対する運動において」『関西大学社会学部紀要』9巻2号
高木修・坂口哲司（一九八〇）「合成洗剤問題に対する消費者運動の展開とその社会的背景――その2　昭和53年以降について――」『関西大学社会学部紀要』12巻1号
高畠通敏（一九七六）『自由とポリティーク――社会科学の転回』筑摩書房
武田晴人（二〇一九）『日本経済史』有斐閣
武田晴人編（二〇一一）『高度成長期の日本経済』有斐閣
田間泰子（二〇〇六）『「近代家族」とボディ・ポリティクス』世界思想社

辻井喬（二〇一二）『叙情と闘争——辻井喬＋堤清二回顧録』中公文庫
堤清二（一九七九）『変革の透視図——流通産業の視点から』日本評論社
堤清二（一九八一）『１９８０年代の流通産業』現代研究会
鶴田敦子・福留美奈子（一九九〇）「消費者教育の理念と家庭科教育（第２報）——政府行政の報告書等における消費者教育の理念の動向とその考察」『日本家庭科教育学会誌』33巻２号
寺西重郎（二〇一〇）「序」寺西重郎編『バブル／デフレ期の日本経済と経済政策７　構造問題と規制緩和』慶應義塾大学出版会
中内㓛（二〇〇七）『〔新装版〕わが安売り哲学』千倉書房
中内潤・御厨貴編著（二〇〇九）『中内㓛——生涯を流通革命に献げた男』千倉書房
中北浩爾（二〇〇八）『日本労働政治の国際関係史　１９４５‐１９６４——社会民主主義という選択肢』岩波書店
中島貴子（二〇二一）『科学技術のリスク評価——森永ヒ素粉乳中毒事件を中心に』編集工房球
仲村和代・藤田さつき（二〇一九）『大量廃棄社会——アパレルとコンビニの不都合な真実』光文社新書
並木正吉（一九六〇）『農村は変わる』岩波新書
似鳥昭雄（二〇一六）『ニトリ成功の５原則』朝日新聞出版
日本消費者協会（一九六六）『日本消費者協会５年の歩み』日本消費者協会
日本消費者協会編（一九七六）『消費者の自立とは』ぎょうせい
日本生産性本部（一九六五）『生産性運動10年の歩み』日本生産性本部
日本生産性本部（一九八五）『生産性運動30年史』日本生産性本部
農山漁村文化協会（二〇〇九）『暗夜に種を播く如く——一樂照雄　協同組合・有機農業運動の思想と実践』
農山漁村文化協会
協同組合経営研究所・農山漁村文化協会
橋本寿朗（二〇〇一）『戦後日本経済の成長構造——企業システムと産業政策の分析』有斐閣

橋本寿朗（二〇〇二）『デフレの進行をどう読むか――見落とされた利潤圧縮メカニズム』岩波書店
橋本寿朗（二〇一〇）「日本企業システムと高度経済成長」石井寛治・原朗・武田晴人編『日本経済史5　高度成長期』東京大学出版会
橋本寿朗・長谷川信・宮島英昭・齊藤直（二〇一一）『現代日本経済』第3版、有斐閣
橋本寿朗・長谷川信・宮島英昭・齊藤直（二〇一九）『現代日本経済』第4版、有斐閣
濱口桂一郎（二〇一五）『働く女子の運命』文春新書
浜野潔ほか（二〇〇九）『日本経済史1600‐2000――歴史に読む現代』慶應義塾大学出版会
林凌（二〇二三）『〈消費者〉の誕生――近代日本における消費者主権の系譜と新自由主義』以文社
原山浩介（二〇一一）『消費者の戦後史――闇市から主婦の時代へ』日本経済評論社
原山浩介（二〇一七）「合成洗剤追放運動の存在理由――「安全」をめぐる社会運動史の視点から」庄司俊作編著『戦後日本の開発と民主主義――地域にみる相剋』昭和堂
原山浩介（二〇二一）「食をめぐる「消費者問題」の変転と主体性の行方」『歴史と経済』63巻3号
広井良典編（二〇二四）『商店街の復権――歩いて楽しめるコミュニティ空間』ちくま新書
廣瀬涼（二〇二三）「今どき推し活事情」『国民生活』131号
廣瀬涼（二〇二四）「推し活とお金の話」『基礎研レポート』ニッセイ基礎研究所
藤岡里圭（二〇一一）「消費者行政」石原武政編著『通商産業政策史4　商務流通政策』経済産業調査会
藤田和芳（二〇〇五）『ダイコン一本からの革命――環境NGOが歩んだ30年』工作舎
藤田和芳（二〇一〇）『畑と田んぼと母の漬けもの――「大地を守る」社会起業家の原風景』ビーケイシー
藤田和芳・小松光一（一九九二）『いのちと暮らしを守る株式会社』学陽書房
藤谷千明（二〇二四）『推し問答！　あなたにとって「推し活」ってなんですか？』東京ニュース通信社
藤本敏夫（一九九八）『現代有機農業心得』日本地域社会研究所
古谷由紀子（二〇一七）『現代の消費者主権――消費者は消費者市民社会の主役となれるか』芙蓉書房出版

細川幸一（二〇〇七）『消費者政策学』成文堂
本田一成（二〇一七）『チェーンストアの労使関係――日本最大の労働組合を築いたZモデルの探究』中央経済社
枡潟俊子（二〇〇八）『有機農業運動と〈提携〉のネットワーク』新曜社
増田寛也編著（二〇一四）『地方消滅――東京一極集中が招く人口急減』中公新書
間々田孝夫・藤岡真之・水原俊博・寺島拓幸（二〇二一）『新・消費社会論』有斐閣
マルセル・モース（二〇〇九）『贈与論』、吉田禎吾、江川純一訳、ちくま学芸文庫
御厨貴・橋本寿朗・鷲田清一編（二〇一五）『わが記憶、わが記録――堤清二×辻井喬オーラルヒストリー』中央公論新社
水越康介（二〇二二）『応援消費――社会を動かす力』岩波新書
水越康介・田嶋規雄（二〇二三）『図解ポケット 推しからエシカルまで 応援消費がよくわかる本』秀和システム
道場親信（二〇一五）「戦後日本の社会運動」『岩波講座 日本歴史』第19巻・近現代5、岩波書店
道場親信（二〇一六）『「戦後日本の社会運動」と生活クラブ』市民セクター政策機構
満薗勇（二〇一五）『商店街はいま必要なのか――「日本型流通」の近現代史』講談社現代新書
満薗勇（二〇二二a）『消費者をケアする女性たち――「ヒーブ」たちと「女らしさ」の戦後史』青土社
満薗勇（二〇二二b）「「かしこい消費者」規範の歴史的位置」『社会政策』一四巻一号
満薗勇（二〇二三）「日本企業における消費者対応部門の成立と展開――ACAP（消費者関連専門家会議）との関係を中心に」『マーケティング史研究』2巻2号
宮崎昭（二〇一一）「顧客満足の外部不経済」『立命館経済学』59巻6号
三和良一・原朗編（二〇一〇）『近現代日本経済史要覧』補訂版、東京大学出版会
柳井正（二〇一二）『成功は一日で捨て去れ』新潮文庫

柳井正（二〇一五）『経営者になるためのノート』PHP研究所
矢作敏行（一九九四）『コンビニエンス・ストア・システムの革新性』日本経済新聞社
山田博文・前田裕貴（二〇一四）「消費者行政の転換と消費者の自立」『群馬大学経済学部紀要』人文・社会科学編、63巻
由井常彦編（一九九一a）『セゾンの歴史――変革のダイナミズム』上巻、リブロポート
由井常彦編（一九九一b）『セゾンの歴史――変革のダイナミズム』下巻、リブロポート
由井常彦・田付茉莉子・伊藤修（二〇一〇）『セゾンの挫折と再生』山愛書院
横川良明（二〇二一）『人類にとって「推し」とは何なのか、イケメン俳優オタクの僕が本気出して考えてみた』サンマーク出版
吉川洋（一九九七）『高度成長　日本を変えた6000日』読売新聞社
米倉誠一郎（二〇一八）『松下幸之助――きみならできる、必ずできる』ミネルヴァ書房

満薗 勇（みつぞの・いさむ）

1980年千葉県生まれ．東京大学大学院人文社会系研究科博士課程修了．博士（文学）．日本学術振興会特別研究員，立教大学講師などを経て，北海道大学大学院経済学研究院准教授．専攻は日本近現代史．

著書『日本型大衆消費社会への胎動——戦前期日本の通信販売と月賦販売』（東京大学出版会，2014年／政治経済学・経済史学会賞）
『商店街はいま必要なのか——「日本型流通」の近現代史』（講談社現代新書，2015年）
『日本流通史——小売業の近現代』（有斐閣，2021年）
『消費者をケアする女性たち——「ヒーブ」たちと「女らしさ」の戦後史』（2022年，青土社）
共著『日本経済の歴史——列島経済史入門』（2013年，名古屋大学出版会）ほか

消費者《しょうひしゃ》と日本経済《にほんけいざい》の歴史《れきし》
中公新書 *2815*

2024年８月25日発行

著　者　満薗　勇
発行者　安部順一

本文印刷　三晃印刷
カバー印刷　大熊整美堂
製　本　小泉製本

発行所　中央公論新社
〒100-8152
東京都千代田区大手町 1-7-1
電話　販売 03-5299-1730
　　　編集 03-5299-1830
URL https://www.chuko.co.jp/

Published by CHUOKORON-SHINSHA, INC.
Printed in Japan　ISBN978-4-12-102815-0 C1233